28 Avril 1778

187.

ORDONNANCE
DU ROI,

CONCERNANT

LA MARÉCHAUSSÉE.

Du 28 Avril 1778.

A PARIS,
DE L'IMPRIMERIE ROYALE.

M. DCCLXXVIII.

22

TABLE
DES
TITRES ET ARTICLES
Contenus dans cette Ordonnance.

TITRE PREMIER.

TITRE II.

ARTICLES de ce Titre

Congés

28. avril 1778. 189.

TITRE III.

ARTICLES de ce Titre.

28. Avril 1778. 190.

TITRE IV.

TITRE V.

ARTICLES de ce Titre.

TITRE VI.

ARTICLE de ce Titre.

28. Avril 1778 191.

TITRE VII.

ARTICLES de ce Titre.

TITRE VIII.

ARTICLES de ce Titre.

TITRE IX.

ARTICLES de ce Titre.

TITRE X.

ARTICLES de ce Titre.

TITRE XI.

ARTICLES de ce Titre.

28. Avril 1778. 192

TITRE XII.

ARTICLES de ce Titre.

TITRE XIII.

ARTICLES de ce Titre.

TITRE XIV.

ARTICLES de ce Titre.

ORDONNANCE

ORDONNANCE
DU ROI,

Concernant la Maréchaussée.

Du 28 Avril 1778.

DE PAR LE ROI.

A MAJESTÉ s'étant fait rendre compte de tout ce qui concerne les compagnies de Maréchaussée; Elle a reconnu que ces compagnies, établies de toute ancienneté pour le maintien du bon ordre dans son Royaume, avoient été mises, dans l'origine, sur un pied relatif à la constitution de l'ancienne Gendarmerie, avec laquelle elles font corps; qu'il convenoit pour leur bonne composition & l'avantage de leur service, que les principes qui avoient autrefois déterminé leur assimilation aux Troupes réglées, fussent suivis en tout ce qui pourroit s'adapter à la nature de leurs fonctions; & qu'il n'étoit pas moins essentiel de procurer une augmentation de traitement, sinon aux Officiers, du moins aux Chefs de brigade & Cavaliers desdites compagnies, dont la solde, réglée en 1720, a été à peine augmentée depuis d'un cinquième, malgré le renchérissement, dans une proportion infiniment supérieure, des vivres & des fourrages, que lesdits Chefs de brigade & Cavaliers n'ont plus les moyens de se procurer, au grand préjudice de l'exactitude de leur service, & conséquemment de la sûreté des Peuples. Sa Majesté voit avec regret que l'état de ses finances & la destination privilégiée de ce qu'Elle en eût pu, dans des circonstances plus favorables, appliquer à la dépense de cette augmentation, ne lui permet d'autre moyen d'y satisfaire, que celui de réformer le nombre d'hommes nécessaire pour mettre le surplus en état de servir avec zèle & activité; mais son intention est d'avoir égard au vœu que pourroient former aucunes de ses Provinces, de contribuer au rétablissement des brigades dont Elle se trouve forcée d'ordonner la suppression; & Elle est d'ailleurs convaincue que la constitution qu'Elle va donner au corps de la Maréchaussée, les obligations qu'Elle lui imposera, & les moyens qu'Elle lui accorde pour les bien remplir, multiplieront en quelque sorte les hommes dont il restera composé, à l'égal du nombre qui en existe aujourd'hui. En conséquence SA MAJESTÉ a ordonné & ordonne ce qui suit :

TITRE PREMIER.

De la Constitution, Composition & Formation.

ARTICLE PREMIER.

Les trente-trois compagnies de Maréchaussée, réunies en un corps; Les Maréchaux de France, Chefs & Commandans.

LES trente compagnies de Maréchaussée créées par l'Édit du mois de mars 1720, y compris celle du duché de Bourgogne, dont la création a été confirmée par autre Édit du mois de juillet 1721, qui maintient Monf. le Duc de Bourbon & ses successeurs, Gouverneurs & Lieutenans généraux pour Sa Majesté dans les provinces de Bourgogne,

28 Avril 1778.

Bresse, Bugey, Valromey & Gex, dans le droit de disposer de tous les offices & places de ladite compagnie; celle des provinces de Lorraine & du Barrois, créée par Édit du Roi de Pologne, Duc de Lorraine & de Bar, du mois d'octobre 1738, & assimilée aux autres compagnies de Maréchaussée du Royaume par Édit du mois de juillet 1767; celles de l'île de Corse & des Voyages & Chasses de Sa Majesté, créées par les Ordonnances des 27 décembre 1769 & 24 mars 1772; & la Maréchaussée établie dans la province & principauté de Dombes, formeront le corps de la Maréchaussée, qui continuera d'avoir pour Chefs & Commandans supérieurs les sieurs Maréchaux de France.

2.

Composition de la Maréchaussée.

IL sera, à commencer du 1.er Juin prochain, composé de six Inspecteurs généraux, trente-trois Prévôts généraux, cent huit Lieutenans, cent cinquante Sous-lieutenans, cent cinquante Maréchaux-des-logis, six cents cinquante Brigadiers, deux mille quatre cents Cavaliers & trente-trois Trompettes.

3.

Six Divisions.

LEDIT Corps sera partagé en six divisions, dont la première sera composée de la compagnie de la généralité de Paris, de celle des Voyages & Chasses de Sa Majesté, & de celles de Soissonnois, Picardie, Flandre & Haynault.

La seconde, des compagnies de Champagne, Trois-évêchés, Alsace, Lorraine & Franche-comté.

La troisième, des compagnies d'Orléanois, Bourbonnois, Berry, Lyonnois & Bourgogne.

La quatrième, des compagnies de Touraine, Rouen, Caën, Alençon & Bretagne.

La cinquième, des compagnies de Poitou, Limosin, Aunis, Guyenne & Béarn.

Et la sixième, des compagnies d'Auvergne, Montauban, Dauphiné, Languedoc, Provence, Roussillon & Corse.

TITRE I.er

4.

Compoſition des compagnies & des brigades.

CHAQUE compagnie ſera commandée par un Prévôt général, & autant de Lieutenans & de Sous-lieutenans que l'exigera le nombre de brigades dont elle ſera compoſée: Toutes les brigades ſeront chacune de quatre hommes, y compris le Maréchal-des-logis ou Brigadier qui la commandera; & il y aura un Trompette à la ſuite de chaque Prévôt général.

5.

Compoſition de la compagnie de Corſe.

SA MAJESTÉ fixe la compoſition de la compagnie de Maréchauſſée de Corſe, à un Prévôt général, un Lieutenant, un Sous-lieutenant, un Maréchal-des-logis, trois Brigadiers, douze Cavaliers & un Trompette.

6.

Compoſition de la compagnie des Voyages & Chaſſes.

LA compagnie des Voyages & Chaſſes de Sa Majeſté, ſera compoſée d'un Prévôt général, un Lieutenant, deux Sous-lieutenans, quatre Maréchaux-des-logis, ſeize Brigadiers, ſoixante Cavaliers & un Trompette. Veut & entend Sa Majeſté qu'au moyen de l'augmentation de cette compagnie, elle ſoit chargée non-ſeulement du ſervice de ſes Chaſſes, mais encore de la garde & ſûreté des routes de Paris à Compiegne, Fontainebleau & autres endroits où Elle fera des voyages: Défendant expreſſément Sa Majeſté qu'aucune brigade des compagnies des provinces & généralités ſoit détachée de ſon poſte, ni les Cavaliers deſdites brigades détournés de leur ſervice ordinaire à l'occaſion deſdits Voyages.

7.

Détachement de Cavaliers de la compagnie des Voyages & Chaſſes.

L'INTENTION de Sa Majeſté eſt qu'après ſes Voyages, & dans l'intervalle de l'un à l'autre, il ſoit détaché de ladite compagnie, quarante-huit Cavaliers pour ſervir comme auxiliaires à la ſuite des brigades de la compagnie de la généralité de Paris qu'Elle déſignera, & conjointement avec les Cavaliers deſdites brigades. Le ſurplus des Cavaliers de la compagnie des Voyages & Chaſſes formera, avec les Maréchaux-des-logis & Brigadiers, huit brigades; ſavoir,

quatre

quatre de bas Officiers, composées chacune d'un Maréchal-des-logis & trois Brigadiers, & quatre composées d'un Brigadier & trois Cavaliers; lesquelles brigades seront mises en cantonnement aux environs de Versailles, & feront le même service dans les arrondissemens qui leur seront fixés, que celles de la généralité de Paris, auxquelles elles remettront, comme par le passé, les prisonniers par elles arrêtés, ainsi que les procès-verbaux de capture desdits prisonniers, l'argent & les effets trouvés sur eux, pour être le tout déposé au greffe de la Lieutenance de Maréchaussée, dans les prisons de laquelle les gens arrêtés devront être conduits..

TITRE I.er

8.

Suppression & remboursement des Prévôts particuliers & Lieutenans de la compagnie de Bourgogne.

MONS. le Prince de Condé desirant donner à Sa Majesté une marque de son attachement, & lui ayant, à cet effet, offert de se désister du droit de disposer des offices & places de la compagnie de Maréchaussée de Bourgogne, duquel droit les Gouverneurs de cette Province ont toujours joui, & dans lequel ils ont été maintenus & confirmés par l'Édit du mois de juillet 1721; Sa Majesté, au moyen de cette offre qu'Elle a agréée, & de la composition ci-dessus réglée, supprime les Prévôts particuliers & Lieutenans de la Maréchaussée des provinces de Bourgogne, Bresse, Bugey, Valromey & Gex, établis par ledit Édit du mois de juillet 1721; se réservant Sa Majesté de pourvoir au remboursement des offices de ceux desdits Prévôts & Lieutenans qu'Elle ne jugera pas à propos de pourvoir des places de Lieutenant & de Sous-lieutenant établies dans la compagnie de Bourgogne par la présente Ordonnance.

9.

Suppression des grades d'Exempt &c.

SUPPRIME pareillement Sa Majesté, les grades d'Exempt & de Sous-brigadier dans toutes les compagnies, ainsi que le titre d'Archer, auquel celui de Cavalier sera & demeurera substitué.

10.

Rang de la Maréchaussée.

SA MAJESTÉ conserve au corps de la Maréchaussée tous les droits de sa constitution primitive; & en conséquence,

Elle veut & entend que par-tout où des détachemens dudit Corps se trouveront en exercice de fonctions militaires, concurremment avec d'autres Troupes, ils prennent rang immédiatement après la Gendarmerie, comme faisant corps avec elle, & avant toutes les Troupes engagées au service de Sa Majesté; de même qu'ils auront le pas, en toute occasion, sur les Milices bourgeoises, Guet & Gardes des Villes, & autres Troupes semblables.

II.

Rangs des Officiers.

LES Inspecteurs auront rang de Mestre-de-camp; les Prévôts généraux, celui de Lieutenant-colonel; les Lieutenans, rang de Capitaine, & les Sous-lieutenans, celui de Lieutenant; & Sa Majesté leur en fera expédier les Commissions du jour de leur nomination auxdits emplois.

Les Maréchaux-des-logis seront assimilés aux Maréchaux-des-logis en chef de la Cavalerie; & l'ancien de chaque compagnie aura commission de Sous-lieutenant de Cavalerie après cinq ans de service en ladite qualité de Maréchal-des-logis; les Brigadiers seront assimilés aux Maréchaux-des-logis ordinaires, & les Cavaliers aux Brigadiers de la Cavalerie.

12.

Les Inspecteurs choisis parmi les Prévôts généraux.

SA MAJESTÉ fera choix des Inspecteurs généraux de la Maréchaussée, parmi les Prévôts généraux des trente-trois compagnies formant ledit Corps, qui auront donné les preuves les plus constantes de leur zèle, de leurs talens, de leur application à leurs devoirs, & qui auront le mieux fait servir leurs compagnies, dont ils seront tenus de se démettre au moment de leur nomination; & Elle déclare que l'ancienneté ne pourra jamais être un titre pour obtenir de préférence ces emplois, qu'Elle entend être toujours la récompense du plus grand mérite dans l'exercice de celui de Prévôt général.

13.

Les places de Prévôt général & de Lieutenant,

LES places de Prévôt général & de Lieutenant, continueront d'être accordées par Sa Majesté sur la présentation des sieurs Maréchaux de France ; celles de Prévôt général ne pourront être remplies que par des Lieutenans de Maréchaussée ; & celles de Lieutenant le seront, alternativement & à tour de rôle, par les Sous-lieutenans du Corps de la Maréchaussée & par les Lieutenans des régimens d'Infanterie & de Cavalerie, étant à l'époque où ils seront proposés, en activité dans ces emplois depuis quatre ans au moins, & y servant depuis dix ans en tout à la satisfaction des Commandans desdits régimens, tant en ladite qualité & en celle de Sous-lieutenant, que dans les grades de bas Officiers & de Cadets-gentilhommes, par lesquels ils devront nécessairement avoir passé. Sa Majesté entend cependant que ceux qui serviront dans les Corps de sa Maison avec rang de Lieutenant depuis huit ans, de même que les Capitaines réformés de ses Troupes, puissent concourir pour les emplois de Lieutenant de Maréchaussée, & que même, & à mérite égal, les Capitaines réformés soient préférés, sans préjudicier au tour des Sous-lieutenans du Corps.

TITRE I.er

accordées sur la présentation des Maréchaux de France.

14.

Présentation aux places de Prévôt général.

LES sieurs Maréchaux de France proposeront toujours les trois plus anciens Lieutenans de la division où l'emploi de Prévôt général sera vacant, pour le remplir; sur lesquels Sa Majesté choisira celui qu'Elle jugera être le plus méritant par ses talens, son zèle & son activité pour le service, ainsi que par les preuves qu'il en aura données en maintenant le bon ordre & la sûreté dans son arrondissement, & faisant observer aux brigades qui y seront établies la plus exacte discipline, subordination & tenue : Déclarant Sa Majesté qu'Elle n'aura égard à l'ancienneté des Lieutenans qui lui seront ainsi proposés qu'à mérite égal, & qu'Elle rejetteroit les trois anciens de la division, pour faire choix d'un Prévôt général parmi les trois de la même division qui les suivroient immédiatement, si les premiers n'avoient pas les qualités & la capacité nécessaires pour ledit emploi.

Présentation aux places de Lieutenant.

Il en sera usé de même pour la présentation des Sous-lieutenans aux places de Lieutenant ; & lorsqu'il y aura lieu d'en diſpoſer en faveur des Lieutenans ſervant dans les Corps de la Maiſon de Sa Majeſté ou dans les régimens, les ſieurs Maréchaux de France joindront à leurs préſentations les certificats de ſervice & atteſtations de capacité & de bonne conduite qui auront été délivrés par les Commandans des Corps auxdits Officiers, qu'ils propoſeront également au nombre de trois.

15.

Diſpoſition des places de Sous-lieutenant.

LES places de Sous-lieutenant ſeront d'abord remplies par les Exempts de Maréchauſſée les plus capables de ceux ſupprimés par la préſente Ordonnance; & à l'avenir, ſoit par des Lieutenans de Cavalerie réformés, après avoir ſervi en cette qualité, & qui n'auront pas paſſé l'âge de trente-cinq ans, ſoit par des Sous-lieutenans actuellement au ſervice dans les régimens depuis ſix ans au moins, dont quatre ans en ladite qualité de Sous-lieutenans, & le ſurplus comme bas Officiers & Cadets, ſoit enfin par des Gendarmes du Corps de la Gendarmerie, ayant ſervi ſix ans en cette qualité. Les uns & les autres ſeront nommés par Sa Majeſté à ces places ſur la préſentation des Inſpecteurs généraux, & le compte qui lui ſera rendu par le Secrétaire d'État ayant le département de la Guerre, de l'intelligence pour le ſervice, zèle & bonne conduite des Officiers propoſés, qui ſeront tenus d'en rapporter des certificats des Commandans de leurs Corps.

16.

Préſentation par Monſ. le Prince de Condé aux places de Prévôt général, de Lieutenant & de Sous-lieutenant de la compagnie de Bourgogne.

SA MAJESTÉ accorde à Monſ. le Prince de Condé, en ſa qualité de Gouverneur & Lieutenant général des provinces de Bourgogne, Breſſe, Bugey, Valromey & Gex, ainſi qu'à ſes ſucceſſeurs en ladite qualité, & ce, en conſéquence du déſiſtement du droit de mondit ſieur le Prince de Condé, énoncé en l'*article 8*, la préſentation aux places de Prévôt général, de Lieutenant & de Sous-lieutenant de la compagnie de Maréchauſſée du duché de Bourgogne, auxquelles places il ſera pourvu par Sa Majeſté, ſur la ſimple préſentation d'un ſeul ſujet par Monſ. le Prince de Condé & ſes

& ses successeurs audit Gouvernement, nonobstant la disposition de l'article 14, qui attribue aux sieurs Maréchaux de France la présentation aux places de Prévôt général & de Lieutenant, & celle de l'article 15, qui accorde aux Inspecteurs généraux la présentation aux places de Sous-lieutenant; à l'effet de quoi Sa Majesté déroge, par cette seule exception, aux dispositions desdits articles 14 & 15 du présent Titre; entendant Sa Majesté que Monf. le Prince de Condé se conforme au surplus de l'article 15, pour les sujets qu'il jugera à propos de lui présenter.

17.

Brevets de retenue, remboursés à chaque mutation. Commissions au lieu de Provisions après le remboursement.

L'INTENTION de Sa Majesté étant de faire rembourser aux Prévôts généraux & Lieutenans, à chaque mutation, le montant des brevets de retenue qui leur ont été expédiés en conséquence de la Déclaration du 25 février 1768, afin que les Officiers qui auront mérité de passer auxdites places puissent les obtenir gratuitement; Elle entend que jusqu'à ce qu'Elle ait effectué cette disposition, lesdits Prévôts généraux & Lieutenans continuent d'être pourvus en vertu de provisions expédiées par le Secrétaire d'État ayant le département de la guerre; & qu'ensuite il soit expédié, tant auxdits Prévôts généraux & Lieutenans qu'aux Sous-lieutenans, des commissions signées dudit Secrétaire d'État, & scellées du grand Sceau; sur lesquelles commissions les Prévôts généraux & Lieutenans seulement, seront tenus de prendre l'attache des sieurs Maréchaux de France & de se faire recevoir au Siége de la Connétablie.

18.

Les Maréchaux-des-logis & Brigadiers présentés par les Prévôts généraux.

LES Maréchaux-des-logis seront choisis parmi les Brigadiers les plus capables & qui auront le mieux servi & fait servir leurs brigades; & la présentation en sera faite au Secrétaire d'État ayant le département de la guerre, au nombre de trois pour chaque place à remplir, par les Prévôts généraux, qui auront égard aux bons témoignages qui leur seront rendus par les Lieutenans, du service, des

TITRE I.er

talens & des qualités des Brigadiers qui ſe ſeront diſtingués. Les places de Brigadier ſeront données aux Cavaliers les plus inſtruits & de la meilleure conduite, pareillement ſur la préſentation des Prévôts généraux, qui en propoſeront toujours trois pour chaque place vacante, & auront de même égard aux témoignages avantageux que rendront de leurs talens, ſervice & bonne conduite, les Lieutenans des arrondiſſemens dans leſquels ils ſerviront. Leſdites places de Maréchal-des-logis ne pourront jamais être données qu'à des Brigadiers, & celles de Brigadier qu'à des Cavaliers; elles ſeront toujours la récompenſe du mérite ſans égard à l'ancienneté: Et cependant Sa Majeſté entend qu'il ne ſoit propoſé aucun Brigadier pour celles de Maréchal-des-logis, ni aucun Cavalier pour être Brigadier, qu'ils n'aient au moins cinq ans de ſervice en cette qualité.

19.

Places de Cavalier; les Prévôts généraux y propoſeront.

LES places de Cavalier ſeront données à des Cavaliers, Dragons & Huſſards, de la taille de cinq pieds quatre pouces au moins, qui ſauront lire & écrire, & auront ſervi ſeize ans. Ils ſeront propoſés au Secrétaire d'État ayant le département de la guerre, par les Prévôts généraux, qui ſeront tenus de joindre aux mémoires qu'ils lui adreſſeront à cet effet, les extraits baptiſtaires & congés abſolus des ſujets, ainſi que les certificats de bonne conduite qui leur auront été délivrés par les Commandans des Corps: Déclare au ſurplus Sa Majeſté, que nul ne ſera admis auxdites places de Cavalier, s'il a une interruption de ſervice de plus de trois ans.

20.

Nomination par Monſ. le Prince de Condé, aux places de Maréchal-des-logis, de Brigadier & de Cavalier de la compagnie de Bourgogne.

SA MAJESTÉ accorde à Monſ. le Prince de Condé & à ſes ſucceſſeurs au gouvernement des provinces de Bourgogne, Breſſe, Bugey, Valromey & Gex, le droit de nommer aux places de Maréchal-des-logis, de Brigadier & de Cavalier de la compagnie du duché de Bourgogne, ſur la préſentation qui ſera faite à mondit ſieur le Prince de Condé par le Prévôt général de ladite compagnie, de trois ſujets pour chacune de ces places, ainſi qu'il eſt preſcrit par les deux articles précédens, auxquels Sa Majeſté déroge à cet égard ſeulement.

21.

Permiſſion aux Prévôts généraux, d'admettre des Surnuméraires.

CHACUN des Prévôts généraux pourra admettre, d'après les permiſſions qui en ſeront expédiées par le Secrétaire d'État ayant le département de la guerre, quatre Surnuméraires dans la réſidence où il ſera établi, & deux ſeulement dans chacune de celles des Lieutenans; leſquels Surnuméraires feront le ſervice par augmentation à la ſuite des brigades deſdites réſidences. Ces Surnuméraires paſſeront aux places de Cavalier par ordre de date de réception, & de préférence à tous autres; bien entendu qu'ils auront les ſervices & les qualités exigés par l'article 19, & qu'ils auront fait preuve de capacité & de bonne conduite dans leur ſervice de Surnuméraire, ſans quoi veut Sa Majeſté qu'ils ſoient renvoyés.

22.

Les Maréchaux-des-logis, Brigadiers & Cavaliers, pourvus en vertu de Commiſſions.

LES Maréchaux-des-logis ſeront, ainſi que les Brigadiers & Cavaliers, pourvus de ces places en vertu de commiſſions expédiées par le Secrétaire d'État ayant le département de la guerre, & ſcellées du grand Sceau : ils ſeront reçus par les Prévôts généraux, information de vie & mœurs préalablement faite, prêteront ſerment en leurs mains, & n'auront à payer au Greffier pour l'enregiſtrement de leurs commiſſions au greffe principal de la Maréchauſſée du département; ſavoir, les Maréchaux-des-logis, que ſix livres; les Brigadiers, que quatre livres ; & les Cavaliers, que quarante ſols : Défendant Sa Majeſté aux Greffiers, d'exiger davantage, ſous peine de deſtitution.

23.

Défenſes de rien recevoir pour la préſentation aux Places.

DÉFEND Sa Majeſté aux Prévôts généraux, ſous peine d'être caſſés, de recevoir aucun droit pour la préſentation aux places ſuſdites, & ce quand même il leur ſeroit volontairement offert de l'argent ou autre choſe.

TITRE I.er

Exempts faits Sous-lieutenans ; le surplus réformé avec pensions.

24.

Les Exempts les plus distingués par leur naissance, leurs services & leur bonne conduite, passeront aux places de Sous-lieutenant; & le surplus sera réformé, à moins qu'ils ne desirent de continuer leur service en qualité de Maréchaux-des-logis, en attendant qu'il vaque des places de Sous-lieutenant que Sa Majesté est disposée à leur accorder de préférence à tous autres Officiers, s'ils lui donnent des preuves de zèle pour son service. Sa Majesté accorde à ceux qui préfèreront leur retraite, la moitié de leurs appointemens s'ils ont servi vingt ans & au-dessus, le tiers à ceux qui auront servi de dix à vingt ans, & le quart à ceux qui auront de cinq à dix ans de service; & Elle déclare que ceux qui opteront pour ces retraites, ne seront point remplacés.

25.

Brigadiers faits Maréchaux-des-logis; places de Brigadier, données aux Sous-brigadiers.

Les Brigadiers dont il sera rendu les meilleurs témoignages, rempliront les places de Maréchal-des-logis dont il y aura d'abord à disposer, & celles de Brigadier seront données aux Sous-brigadiers, & ensuite aux Cavaliers de Maréchaussée les plus instruits de leurs devoirs, & qui les auront remplis avec le plus d'exactitude.

26.

Brigadiers, Sous-brigadiers & Cavaliers à réformer, avec ou sans retraite.

Les Brigadiers, Sous-brigadiers & Cavaliers qui, au moment de la publication de la présente Ordonnance, se trouveront hors d'état, par leurs infirmités ou par leur âge trop avancé, de continuer leurs services, auront leur retraite sur le pied réglé par l'Ordonnance du 27 Décembre 1769, concernant la Maréchaussée, pourvu qu'ils aient vingt années de services, dont dix dans ce corps. Les sujets de mauvaise conduite, ceux reconnus incapables de remplir leurs fonctions, ou qui ne sauront point écrire; enfin ceux qui auront été admis abusivement dans leurs places, sans qu'ils eussent les services & la taille exigés par ladite Ordonnance de 1769, seront réformés purement & simplement; & s'ils ne complétoient

complétoient pas le nombre des sujets à réformer, veut & entend Sa Majesté, que le surplus soit pris parmi les Cavaliers derniers reçus, qui n'auroient précédemment servi que dans l'Infanterie, & qu'ils soient admis de préférence parmi les Surnuméraires, s'ils le demandent, pour servir en cette qualité, en attendant leur remplacement.

27.

Chevaux abandonnés aux bas Officiers & Cavaliers réformés, ou vendus au profit de la Masse.

LES chevaux des bas Officiers & Cavaliers réformés leur seront abandonnés pour en disposer à leur profit, s'ils les ont achetés de leurs deniers; mais s'ils ont été payés des fonds de la Masse de remonte, lesdits chevaux seront, à la diligence des Lieutenans, vendus; & le prix des ventes, dûment constaté par procès-verbaux des Commissaires des guerres, & à leur défaut, des Subdélégués ou Juges des lieux où les marchés en auront été faits, sera remis dans les différentes caisses de la Masse de remonte, & porté en recette par lesdits Lieutenans sur les registres qu'ils tiendront de ladite Masse : Entend cependant Sa Majesté, que les meilleurs chevaux des bas Officiers & Cavaliers réformés qui appartiendront à la Masse de remonte, soient conservés pour le service des Chefs & Cavaliers des brigades qui en auroient d'inférieurs en qualité, & que ces derniers soient vendus de préférence au profit de ladite Masse.

28.

Habillement, équipement, &c. abandonnés aux bas Officiers & Cavaliers réformés.

SA MAJESTÉ veut bien au surplus, que l'habillement & équipement, ainsi que les équipages des chevaux des bas Officiers & Cavaliers qui seront réformés, leur soient abandonnés pour en faire tel usage qu'il leur conviendra.

29.

Les brigades réparties également dans le Royaume, feront le service sans distinction de provinces, généralités, &c.

SA MAJESTÉ fera connoître ses intentions, par les ordres particuliers qu'Elle fera expédier, sur les lieux où les brigades demeureront placées en résidence; voulant que lesdites brigades soient réparties le plus également possible dans le royaume, & y fassent le service sans distinction de provinces, généralités ou juridictions; sauf les précautions qui seront prises pour la remise des délinquans arrêtés, dans les prisons des Juges territoriaux ou d'attribution, toutes lesdites brigades étant destinées à la poursuite des malfaiteurs & au maintien de la sûreté en quelque lieu que ce soit, sans qu'elles puissent connoître d'autres limites à leurs districts que la nécessité de rentrer chaque jour aux lieux de leurs résidences, lorsqu'il ne sera question d'aucun service extraordinaire.

TITRE II.

De la Subordination & Discipline.

ARTICLE PREMIER.

Subordination graduelle observée comme dans les Troupes.

SA MAJESTÉ veut & ordonne que la subordination graduelle qu'Elle a établie pour ses Troupes, soit observée dans la Maréchaussée; en sorte que pour tout ce qui est du service de Sa Majesté & de décence extérieure, les Cavaliers obéissent aux Brigadiers, les Brigadiers aux Maréchaux-des-logis, les Maréchaux-des-logis aux Sous-lieutenans, les Sous-lieutenans aux Lieutenans, les Lieutenans aux Prévôts généraux, & les Prévôts généraux aux Inspecteurs.

2.

Les Officiers subordonnés aux Gouverneurs & Commandans dans les provinces, Gouverneurs des places, &c.

LESDITS Officiers seront subordonnés aux Gouverneurs & Commandans dans les provinces, & exécuteront leurs ordres comme les Troupes en garnison ou en quartier dans lesdites provinces; & ceux desdits Officiers ou bas Officiers qui seront en résidence dans les places où il y a État-major, seront également subordonnés aux Gouverneurs, Lieutenans pour Sa Majesté, ou Commandans esdites places, de même que les autres Troupes; sans toutefois qu'ils soient tenus de leur rendre aucun compte de leurs opérations, ou de l'exécution des ordres dont ils seront chargés, autres que ceux qui concerneront le ſervice militaire & la ſûreté deſdites places.

TITRE II.

3.

Revue par les Officiers généraux, commandant les diviſions des troupes; ſubordination envers eux.

L'INTENTION de Sa Majeſté étant de faire faire par les Officiers généraux, commandant les diviſions de ſes Troupes, auxquels Elle jugera à propos de faire expédier des ordres à cet effet, une revue chaque année des compagnies de Maréchauſſée qui ſe trouveront dans l'étendue de leur commandement, Elle veut & entend que tous les Officiers les reconnoiſſent & leur obéiſſent, tant à l'occaſion deſdites revues, que pour tout ce qu'ils jugeront à propos de leur ordonner pour le maintien de la diſcipline & le bien du ſervice de Sa Majeſté, à qui les Lieutenans généraux commandant les diviſions, rendront compte par la voie du Secrétaire d'État ayant le département de la guerre, de ce qui aura été ainſi ordonné par eux, & par les Maréchaux-de-camp employés ſous leurs ordres.

4.

Les arrêts ordonnés par chaque Officier à ſon inférieur.

CHACUN des Officiers pourra ordonner les arrêts à ſon inférieur en grade, juſqu'à concurrence de cinq jours, & en rendra compte ſur le champ à ſon Officier ſupérieur, afin que de grade en grade ce compte parvienne à l'Inſpecteur, qui jugera ſi la peine eſt proportionnée à la faute commiſe, s'il y a lieu de la rendre plus grave, ou ſi l'Officier qui l'aura prononcée, n'a pas abuſé de ſon autorité; auquel cas il lui infligera la punition qu'il jugera convenable, & en informera le Secrétaire d'État ayant le département de la guerre.

5.

La peine de la priſon ordonnée par les Sous-lieutenans & les bas Officiers, chacun à ſon inférieur.

POURRONT les Sous-lieutenans, Maréchaux-des-logis & Brigadiers, ordonner la peine de la priſon à leurs inférieurs pour le même temps de cinq jours, & même juſqu'à nouvel ordre; à la charge, dans ce dernier cas, de faire ſortir pour faire leur ſervice, & réintégrer enſuite dans les priſons, ceux qu'ils y auront envoyés; & à condition qu'ils en rendront compte sur le champ, chacun à son Officier supérieur, pour que ce compte parvienne également à l'Inspecteur, qui approuvera, blâmera ou agravera la punition, suivant les circonstances.

6.

Bas Officiers ou Cavaliers cassés s'ils refusent de se rendre en prison.

TOUT bas Officier ou Cavalier qui refusera de se rendre en prison, lorsque cette peine lui aura été ordonnée par son Officier supérieur, sera cassé, & néanmoins conduit de force dans les prisons, en attendant les ordres de Sa Majesté pour l'exécution de cette disposition; attendu qu'Elle entend que nul bas Officier ou Cavalier ne soit cassé, destitué ou congédié en aucun cas, que de son autorité, qui peut seule, annuller leurs commissions.

7.

Conseils de guerre pour juger ceux qui maltraiteroient leurs Officiers ou bas Officiers.

S'IL arrivoit qu'aucun desdits bas Officiers ou Cavaliers mît l'épée à la main contre son Officier ou bas Officier, ou lui en fît la proposition; qu'il le maltraitât, injuriât ou se permît envers lui des gestes menaçans: veut Sa Majesté qu'il soit d'abord conduit en prison, puis jugé par un Conseil de guerre des Officiers du Corps de la Maréchaussée, auquel seront appelés les Officiers du régiment le plus à portée, & à leur défaut, des Maréchaux-des-logis dudit Corps, pour compléter le nombre ordinaire des Juges; & que le coupable soit condamné aux peines réglées pour de semblables délits, par les Ordonnances militaires.

8.

Permission nécessaire aux Officiers pour se marier.

LES Officiers ne pourront se marier sans en avoir obtenu la permission du Secrétaire d'État ayant le département de la guerre, auquel elle sera demandée par la voie des Officiers supérieurs, de grade en grade, pour être par lui accordée, s'il juge que le mariage proposé, soit décent & convenable.

9.

Bas Officiers & Cavaliers destitués, s'ils se marient sans permission.

LES bas Officiers & Cavaliers qui se marieront sans en avoir obtenu la permission par écrit de leur Prévôt général, seront destitués.

10.

TITRE II.

10.

Congés des Officiers.

LES Prévôts généraux ne pourront s'abſenter des départemens occupés par les brigades de leurs compagnies, qu'en vertu de congés de Sa Majeſté, qui ſeront demandés par les Inſpecteurs. Les Lieutenans ne pourront ſortir de l'étendue de leurs Lieutenances, que ſur de ſemblables congés qui ſeront pareillement demandés par les Inſpecteurs, auxquels ils s'adreſſeront par la voie des Prévôts généraux; & les Sous-lieutenans obtiendront de la même manière, en s'adreſſant aux Lieutenans, ceux dont il ſera reconnu qu'ils ont un beſoin indiſpenſable. Les Lieutenans pourvoiront à ce que le ſervice deſdits Sous-lieutenans, ſoit fait pendant le temps de leurs congés, par ceux dont les brigades avoiſineront celles confiées à l'inſpection du Sous-lieutenant abſent, & ſoumettront aux Prévôts généraux les arrangemens qu'ils auront faits à ce ſujet.

11.

Permiſſion aux Officiers de s'abſenter.

DANS les cas d'affaires urgentes qui exigeroient que leſdits Officiers s'abſentaſſent pour huit jours au plus de leurs départemens, Sa Majeſté permet que les Inſpecteurs en donnent la permiſſion aux Prévôts généraux, les Prévôts généraux aux Lieutenans & les Lieutenans aux Sous-lieutenans; ce qui ne pourra pas néanmoins avoir lieu deux fois dans une année pour le même Officier; & il ſera toujours rendu compte de ces permiſſions à l'Inſpecteur, & par lui au Secrétaire d'État ayant le département de la guerre.

12.

Congés des bas Officiers & Cavaliers.

LES bas Officiers & Cavaliers ne pourront s'abſenter de leurs réſidences pour plus de quinze jours ſans congés de la Cour, qui ſeront demandés de grade en grade comme il eſt preſcrit ci-deſſus; & lorſqu'ils ne devront s'abſenter que pour quatre jours, les Sous-lieutenans pourront leur en donner la permiſſion, qui devra être accordée par les Lieutenans pour une abſence au-delà de ce terme, & par les Prévôts généraux pour celles qui devront durer au-delà de huit jours. Les uns & les autres rendront compte à l'Officier

Permiſſion de s'abſenter

TITRE II.

supérieur, des permissions qu'ils auront ainsi accordées, afin que l'Inspecteur en soit informé. Les Maréchaux-des-logis, Brigadiers & Cavaliers ne pourront jamais emmener leurs chevaux lorsqu'ils quitteront leurs résidences en vertu desdits congés ou permissions, & il ne leur sera tenu compte que du tiers de leur solde pendant le temps que durera leur absence.

13.

Surnuméraires détachés pour remplacer les absens.

IL sera détaché des Surnuméraires des brigades les plus proches pour remplacer les hommes absens par congé ou malades, afin que les brigades soient toujours complettes & le service assuré. Ceux qui remplaceront les absens par congé jouiront des deux tiers de solde qui seront retenus à ces derniers, ainsi que du produit du service extraordinaire, lequel sera le seul dédommagement des Surnuméraires qui serviront pour les malades, sauf les gratifications que Sa Majesté voudra bien leur accorder sur les appointemens des Officiers, bas Officiers & Cavaliers qui auront excédé le terme de leurs congés. Les uns & les autres monteront les chevaux des Cavaliers dont ils tiendront lieu.

14.

Perte d'appointemens & prison, si le terme du congé est excédé; absens sans congé, cassés.

TOUT Officier, bas Officier ou Cavalier qui ne sera pas rendu à sa résidence à l'expiration de son congé, sera privé de ses appointemens & puni à son arrivée d'autant de jours de prison qu'il aura différé de rejoindre. Ceux qui s'absenteront sans congé ou permission seront cassés.

15.

Les Prévôts généraux tenus de prendre l'agrément des Gouverneurs ou Commandans pour profiter de leurs congés; les Intendans prévenus.

VEUT au surplus Sa Majesté qu'aucun Prévôt général ne puisse profiter des congés qui lui auront été accordés, sans en avoir obtenu l'agrément du Gouverneur ou Commandant de la province où il servira, ainsi que de l'Officier général commandant la division des Troupes & sans en avoir prévenu l'Intendant, auquel les Lieutenans feront part également des congés qui auront été accordés, tant à eux qu'aux Sous-lieutenans & Chefs de brigade, & du jour auquel ils devront en profiter.

16.

TITRE II.

Bas Officiers & Cavaliers faisant commerce, &c. destitués.

AUCUN Maréchal-des-logis, Brigadier ou Cavalier ne pourra faire commerce, tenir cabaret, ni exercer aucun métier ou profession, à peine d'être destitué.

17.

Injonction aux Chefs de brigade & Cavaliers, de loger aux casernes; défense aux femmes d'y coucher.

VEUT & entend Sa Majesté que dans les lieux où les brigades seront casernées, le Chef de chaque brigade & les Cavaliers dont elle sera composée, logent tous dans la caserne ou maison qui sera louée pour en tenir lieu; qu'ils n'en puissent découcher, excepté dans le cas où le service l'exigera; & qu'il y ait toujours un Cavalier de garde à ladite caserne, à moins que les circonstances n'exigeassent que la brigade entière fût employée; défend au surplus très-expressément aux Chefs de brigade & Cavaliers de faire loger ni coucher leurs femmes aux casernes, ni aucune autre femme ou fille, quand bien même elles les serviroient comme domestiques; à peine de prison pour la première fois, & d'être renvoyés en cas de récidive.

18.

Heures de rentrée à la caserne.

LESDITS Chefs de Brigade & Cavaliers qui ne feront point de service hors la résidence, seront tenus de rentrer à la caserne à neuf heures du soir en hiver, & à onze heures en été. Le Chef de chaque brigade fera l'appel, & ceux qui y manqueront seront par lui envoyés en prison jusqu'au lendemain matin. Quant aux bas Officiers qui auront manqué de rentrer aux heures fixées, les Sous-lieutenans leur feront subir la même peine pour vingt-quatre heures.

19.

Le Chef de brigade prévenu des absences de la caserne; tenue des Cavaliers lorsqu'ils en sortiront.

LES Cavaliers ne pourront s'absenter de la caserne sans en prévenir le Chef de brigade, & sans lui dire, ou à celui qui sera de garde, où ils vont, afin qu'on puisse les trouver au besoin. Ils ne sortiront jamais sans être en habit uniforme, bien chaussés, peignés, coiffés, & sans porter leur sabre; le tout à moins qu'ils n'aillent chez le Maréchal ou ailleurs,

TITRE II.

pour vaquer à des opérations qui exigeroient qu'ils fussent en sarot & bonnets uniformes.

20.

Propreté des casernes.

LES Chefs de brigade auront soin de faire tenir les chambres dans l'état de la plus grande propreté par les Cavaliers qui les occuperont, de faire balayer tous les jours les escaliers, les écuries & la cour, par celui qui sera de garde à la caserne, & de faire enlever les fumiers une fois par semaine.

21.

Chevaux pansés & abreuvés à la même heure.

TOUS les chevaux seront pansés & abreuvés à la même heure, & les Chefs de brigade seront présens au pansement, ainsi qu'à la distribution à chaque cheval des rations de nourriture, particulièrement de celle d'avoine; & ils seront responsables des négligences ou abus qui pourroient être commis à l'égard desdits pansement & nourriture.

22.

Inspection des Chefs des brigades, lorsqu'elles partiront des casernes.

LESDITS Chefs de brigade ne souffriront jamais que les brigades, ou des détachemens d'icelles, partent des casernes sans qu'ils aient fait l'inspection exacte de l'habillement, équipement & des armes, pour voir si le tout est dans l'état de propreté convenable & les armes chargées. Ils examineront de plus si les chevaux sont bien ferrés, sellés, bridés & équipés; & lorsque les Cavaliers rentreront de leur tournée, la même inspection sera faite pour voir si les hommes ne sont point ivres, si les chevaux sont en bon état, ainsi que l'habillement, équipement & armement, & s'il n'en auroit point été perdu ou endommagé quelque partie.

23.

Punitions des bas Officiers & Cavaliers qui s'enivreront.

TOUT bas Officier ou Cavalier qui s'enivrera, sera averti pour la première fois de se corriger; il sera mis en prison la seconde fois, & destitué la troisième.

24.

Punitions de ceux qui querelleront leurs camarades.

CEUX qui tiendront des propos injurieux à leurs camarades, les querelleront, ou troubleront leur tranquillité dans les

les casernes ou lors des tournées, seront envoyés en prison par les Chefs de brigade pour autant de temps que cette punition leur paroîtra méritée.

TITRE II.

25.

LES Chefs de brigade useront de leur autorité sur les Cavaliers, avec douceur & honnêteté; & afin qu'ils en soient respectés comme ils doivent l'être, ils s'abstiendront de boire & de jouer avec eux, excepté lorsqu'ils prendront leurs repas dans les voyages.

Injonction aux Chefs de brigade d'être honnêtes envers les Cavaliers.

26.

VEUT au surplus Sa Majesté, que les Inspecteurs généraux rendent compte exactement aux sieurs Maréchaux de France, de tous les objets concernant la subordination & discipline, qui pourront mériter leur attention.

Comptes rendus par les Inspecteurs aux Maréchaux de France.

TITRE III.

Des Fonctions des Officiers.

ARTICLE PREMIER.

LES Inspecteurs partiront chaque année au 1.er Août pour aller visiter leurs divisions & en faire les revues par lieutenances, Sa Majesté leur défendant expressément d'assembler les compagnies, ni même les brigades de deux lieutenances. Ils seront accompagnés à ces revues, chacun par le Prévôt général de la compagnie dont les lieutenances devront être vues.

Revues des Inspecteurs.

2.

LESDITS Inspecteurs commenceront par informer les Prévôts généraux de leur marche, & des jours auxquels ils se proposeront de voir les brigades de chaque lieutenance, afin que lesdits Prévôts généraux donnent ordre aux Lieutenans de les faire rassembler, aux jours fixés, dans les chefs-lieux des lieutenances, ou autres lieux désignés comme plus à portée des brigades.

Informeront de leur marche les Prévôts généraux.

TITRE III.

3.

Prendront l'agrément des Gouverneurs, Commandans, &c.

A leur arrivée dans les villes où résident les Gouverneurs & Commandans des provinces, ainsi que les Officiers généraux commandans les divisions des Troupes, les Inspecteurs iront prendre leur agrément pour faire leurs revues, auxquelles assisteront, autant qu'il sera possible, les Commissaires des guerres ayant la police des compagnies, lesquels seront prévenus par les Inspecteurs des jours auxquels elles auront lieu.

4.

Se feront remettre le contrôle de chaque Lieutenance ; détails qu'il doit contenir.

DANS ces revues, lesdits Inspecteurs commenceront par se faire remettre par le Prévôt général, le contrôle de la lieutenance qu'il s'agira de voir, lequel aura été formé par le Lieutenant. Ce contrôle contiendra les noms des bas Officiers & Cavaliers des brigades rassemblées, leurs signalemens & le détail exact de leurs services, tant dans les Régimens que dans la Maréchaussée, avec mention de leurs différens grades, & des époques auxquelles ils les auront obtenus; les notes sur la manière dont ils servent, & sur leurs qualités & caractère, sur leur bonne ou mauvaise conduite, ainsi que sur leur tenue exacte ou négligée; les signalemens de leurs chevaux; la manière dont ils sont nourris, soignés & entretenus; le prix des fourrages dans chaque lieu des résidences des brigades; l'état de l'approvisionnement d'iceux; celui du casernement; & enfin les autres détails demandés par le modèle de ce contrôle, qui sera envoyé, pour la première fois, aux Lieutenans qui devront le former.

5.

Revue des brigades à pied; ce qui doit y être fait.

LA revue des brigades sera d'abord faite à pied; elles seront assemblées à cet effet par les Chefs de brigade, & formées sur le terrein indiqué, de la manière prescrite par l'Instruction que Sa Majesté a fait expédier cejourd'hui & annexer à la présente Ordonnance. Lors de cette revue, les Inspecteurs vérifieront avec le plus grand soin les détails portés aux contrôles, & principalement les notes sur chacun des sujets : ils questionneront les Commandans des brigades & Cavaliers sur leurs services militaires, pour s'en confirmer la certitude; sur les fonctions & devoirs de leur état, afin de juger s'ils sont capables de s'en bien acquitter; sur leur âge, & généralement sur tout ce qui pourra donner auxdits Inspecteurs une connoissance des sujets, indépendante des rapports des Lieutenans & autres Officiers. Ces vérifications préliminaires se feront par appel, & les Inspecteurs ordonneront aux Officiers, bas Officiers & Cavaliers, sur le compte desquels ils auront lieu de prendre des éclaircissemens plus détaillés, de se rendre chez eux après la revue.

6.

Contrôle réformé; Officiers, bas Officiers & Cavaliers interrogés.

CETTE revue à pied se fera, autant qu'il sera possible, le jour même de l'arrivée des brigades; & après l'avoir terminée, les Inspecteurs s'occuperont du soin de réformer s'il y a lieu, le contrôle des Lieutenans, d'après leurs propres observations, pour servir à la formation de leurs états de revue; d'interroger les Officiers, bas Officiers & Cavaliers sur les objets pour lesquels ils les auront fait venir chez eux, & de concerter les louanges à donner, les réprimandes à faire, ou les punitions à infliger publiquement à la revue du lendemain.

7.

Revue à cheval; examens & vérifications à y faire.

ILS procéderont de grand matin à cette seconde revue, qui commencera par l'inspection à cheval des bas Officiers & Cavaliers des brigades, & de leurs habillement, équipement, armement & équipage des chevaux. Ils verront si les fournitures sont de bonne qualité, si l'habillement est bien fait, uniforme & bien tenu, de même que toutes les parties de l'équipement & harnachement; ils examineront si les armes sont en bon état & bien entretenues, & ordonneront les réparations à y faire, ainsi que les remplacemens aux frais desdits bas Officiers & Cavaliers, des parties desdits habillement, équipement, harnachement & armement qu'ils auroient perdues ou endommagées par négligence.

Ils insisteront sur la nécessité d'une tenue absolument militaire, défendront de porter d'autres uniformes & épaulettes que ceux qui seront ci-après réglés, sous peine de punition, & en rendront les Officiers responsables. Ils vérifieront ensuite avec la plus grande attention si les chevaux sont de la taille fixée par la présente Ordonnance, s'ils sont bons, bien nourris & en état de faire le service, s'ils n'ont pas été changés sans permission, & enfin s'ils appartiennent aux Lieutenans, Sous-lieutenans, bas Officiers & Cavaliers, ce qu'ils leur feront affirmer, en déclarant que si quelqu'un d'eux osoit en imposer, il seroit cassé. Ils passeront ensuite à l'examen des chevaux remplacés depuis leur dernière revue, afin de voir s'ils sont de taille & de figure requises, & au total d'un bon choix, ce dont ils feront mention détaillée sur l'état de revue. Ils y feront également mention des chevaux qu'ils jugeront nécessaire de réformer, & marqueront les époques précises auxquelles ils devront être remplacés, afin qu'à ces époques les Commissaires des guerres cessent de les employer dans leurs contrôles; à l'effet de quoi ils feront remettre auxdits Commissaires des guerres les états & signalemens desdits chevaux, avec les époques de remplacement susmentionnées, & en adresseront un double au Secrétaire d'État ayant le département de la guerre. Cette revue faite, les Inspecteurs feront défiler devant eux les brigades, & les renverront à leurs résidences.

8.

Sujets à renvoyer ou à punir.

INDÉPENDAMMENT des notes qui seront faites sur les états de revue, concernant les sujets à renvoyer pour mauvaise conduite, incapacité, défaut de taille ou de services, les Inspecteurs en formeront un état particulier qu'ils adresseront, aussi-tôt après chaque revue, au Secrétaire d'État ayant le département de la guerre, lequel prendra les ordres de Sa Majesté, pour faire casser ou destituer les mauvais sujets, ou ceux qui sont défectueux. Quant à ceux qui sans avoir mérité d'être renvoyés, se seront mis dans le cas d'être punis, les Inspecteurs prononceront publiquement les

TITRE III.

les peines qu'ils auront encourues, & ordonneront qu'elles ſoient ſubies au plus tôt.

9.

Diſpoſition concernant ceux de la compagnie de Bourgogne.

L'INSPECTEUR général, Chef de la diviſion dans laquelle ſera compriſe la compagnie de Bourgogne, enverra à Monſ. le Prince de Condé, une copie des notes qu'il aura faites ſur les états de revue, concernant les ſujets à renvoyer pour mauvaiſe conduite, incapacité, défaut de taille ou de ſervice; l'intention de Sa Majeſté étant qu'ils ne puiſſent être caſſés ou deſtitués que d'après la demande de mondit ſieur le Prince de Condé.

10.

Conſeil d'adminiſtration lors des revues des Inſpecteurs. Objets qui y ſeront traités.

SA MAJESTÉ voulant que le même Conſeil d'Adminiſtration qu'Elle a établi dans chacun de ſes régimens, ait lieu dans la Maréchauſſée, ce Conſeil ſera également compoſé de cinq perſonnes; ſavoir, l'Inſpecteur, qui le préſidera, le Prévôt général de la compagnie ſur les intérêts de laquelle il y aura à délibérer; le Lieutenant dont les brigades auront paſſé la revue, & les deux plus anciens Sous-lieutenans. Il y ſera traité de tous les objets économiques, comme moyens de faire des remontes à des prix avantageux; d'approviſionner les brigades de fourrage au meilleur compte, en temps & lieux convenables; de pourvoir aux remplacemens des objets d'habillement, d'équipement & harnachement à la charge des Commandans des brigades & Cavaliers, tels que les culottes, bottes, ſelles, &c. & aux réparations des manteaux & buffeterie, dont les fournitures ne ſeront pas faites en même temps que celles de l'habillement. Ledit Conſeil ſe fera rendre compte en outre de l'emploi de la Maſſe de deux ſous par jour, deſtinée au remplacement & entretien de ces objets, & de l'exactitude des Chefs de brigade à faire le décompte de ladite Maſſe, tous les quatre mois, ainſi qu'il ſera ci-après ordonné. Toutes ces matières ſeront miſes en délibération au rapport du Prévôt général, & les réſolutions qui auront été priſes à la pluralité des voix, ſeront conſignées dans un regiſtre que gardera l'Inſpecteur,

TITRE III.

& dont il sera faire les extraits nécessaires aux différens Officiers, pour l'exécution de ce qui aura été résolu.

11.

Vérifiera les caisses de la Masse de remonte, & s'il y aura lieu d'en partager les bénéfices.

LEDIT Conseil sera spécialement chargé de vérifier l'état des caisses de la Masse de remonte dont il sera parlé au Titre *des Remontes*; de comparer les bénéfices de cette Masse avec les dépenses à faire dans le cours de l'année, en conséquence des remplacemens de chevaux ordonnés, & de voir s'il pourra y avoir lieu au partage de ces bénéfices, conformément à ce qui sera ci-après prescrit, & dans quelle proportion. Il sera formé un état de ce partage, s'il peut avoir lieu sans gêner les moyens de remplacement des chevaux réformés, ou qui seront estimés pouvoir venir à manquer dans l'intervalle d'une revue à l'autre, & cet état sera signé par les Membres du Conseil & remis au Lieutenant dépositaire de la caisse, pour en acquitter le montant; lequel Lieutenant sera tenu de représenter ledit état l'année suivante, avec les reçus des bas Officiers & Cavaliers qui y auront été employés.

12.

Examinera les demandes de payemens extraordinaires.

LES demandes en indemnités ou répétitions de frais pour les objets de service susceptibles de payemens extraordinaires, seront examinés au même Conseil, & produites ensuite, s'il y a lieu, au Secrétaire d'État ayant le département de la guerre, pour en être par lui rendu compte à Sa Majesté.

13.

Deux mois à employer par les Inspecteurs à leurs revues.

L'INTENTION de Sa Majesté est que les Inspecteurs procèdent à toutes ces opérations, ainsi qu'aux revues, avec la plus grande attention, & qu'ils y donnent tout le temps nécessaire, Sa Majesté bornant là leurs fonctions aux lieux où leurs divisions seront établies, & leur permettant de retourner ensuite chez eux, pourvu qu'ils n'emploient pas moins de deux mois auxdites opérations, ce qu'Elle vérifiera en se faisant rendre compte des itinéraires de leur marche, qu'ils seront tenus d'envoyer au Secrétaire d'État ayant le département de la guerre. Sa Majesté est si persuadée au surplus de leur zèle pour son service, qu'Elle s'en rapporte entièrement à eux sur toutes les connoissances qu'ils doivent prendre, & les détails dans lesquels ils doivent entrer pour porter à la plus grande perfection possible la discipline & le service des divisions dont Elle a jugé à propos de leur donner le commandement.

14.

Rédaction & envoi des états de leurs revues. Viendront en rendre compte au Secrétaire d'État de la guerre.

LESDITS Inspecteurs s'occuperont, aussitôt après leur retour, de rédiger les états de leurs revues & observations, & les adresseront, au plus tard dans le mois de Septembre, au Secrétaire d'État ayant le département de la guerre, auprès duquel ils se rendront vers le 1.er Décembre, pour conférer avec lui sur le contenu auxdits états, afin de le mettre d'autant plus en état d'en rendre compte à Sa Majesté. Ils adresseront aux sieurs Maréchaux de France un double des mêmes états & observations.

15.

Compte à rendre à Monf. le Prince de Condé, par l'Inspecteur de la compagnie de Bourgogne, de ses observations.

LORSQU'EN conformité de l'article précédent, l'Inspecteur de la division dans laquelle sera comprise la compagnie du duché de Bourgogne, se rendra près du Secrétaire d'État ayant le département de la guerre; il rendra compte à Monf. le Prince de Condé de ses observations sur les différentes parties du service de ladite compagnie & lui remettra copie desdites observations.

16.

Revues des Prévôts généraux.

SA MAJESTÉ jugeant que de fréquentes revues de la Maréchaussée sont nécessaires pour remédier à l'impossibilité de pouvoir, à cause de la nature de son service, la rassembler comme les autres corps de ses Troupes, Elle ordonne qu'indépendamment de la revue des Inspecteurs, qui sera faite dans le cours des mois d'Août & Septembre, les Prévôts généraux fassent celles des brigades de leurs compagnies, lesquelles seront rassemblées, tant à cet effet que pour la revue du Commissaire des guerres, dans les chefs-lieux des lieutenances

TITRE III.

dont elles dépendront, & qu'ils entrent dans les mêmes détails & examens, & faſſent les mêmes vérifications preſcrites par rapport aux revues des Inſpecteurs.

17.

Époque de ces revues; examens & vérifications à y faire.

CES revues ſeront faites du 15 Avril au 15 Mai; & leſdits Prévôts généraux ſe concerteront avec les Commiſſaires des guerres pour qu'elles aient lieu les mêmes jours auxquels ſeront faites par ces derniers, les revues de ſubſiſtance, afin d'éviter les trop fréquens déplacemens des brigades, ainſi que les frais d'étape qui en réſulteroient. Elles auront pour objet de voir enſemble tous les hommes de chaque lieutenance, d'examiner particulièrement l'air & la tenue de ceux nouvellement admis, de s'informer de leur conduite & de les interroger ſur leurs devoirs, pour s'aſſurer s'ils ſont capables de s'en bien acquitter, de vérifier l'état des chevaux, s'ils ſont bien nourris & leurs équipages bien entretenus; ſi ceux de remonte ont bien tourné & ſont convenables à tous égards, ou ſi les Lieutenans n'en ont point reçu, par complaiſance ou autrement, qui n'aient pas les qualités exigées ou qui ne ſoient point d'un bon ſervice. Ils examineront auſſi l'état de l'habillement, de l'équipement & de l'armement, verront ſi le tout eſt complet & bien tenu, & s'aſſureront ſi les réparations & remplacemens qui auroient pu avoir été précédemment ordonnés, ont été faits exactement.

18.

Vérification de l'état des procédures. Compte à en rendre.

ILS ſe feront rendre compte en outre par les Lieutenans, lors de cette revue, de l'état des procédures qu'ils auront à inſtruire, & feront les vérifications néceſſaires pour s'en aſſurer, en ſe faiſant repréſenter les regiſtres des Greffiers des Siéges prévôtaux, & l'état des priſonniers détenus pour crimes ou délits de la compétence des Prévôts des Maréchaux; & ils ordonneront auxdits Lieutenans, de ſuivre les procédures avec l'attention & la célérité preſcrites par les Ordonnances. Ils rendront compte directement au Secrétaire d'État ayant le département de la guerre, de leurs vérifications & obſervations ſur cet objet; & ils en informeront auſſi

aussi les Intendans, afin de les mettre en état d'en rendre compte à Monf. le Chancelier.

19.

Visite des Officiers de robe des Siéges prévôtaux, aux Prévôts généraux lors de leurs revues.

LES Assesseurs, Procureurs du Roi & Greffiers desdits Siéges prévôtaux, n'étant pas dans le cas de paroître aux revues, devront, pour y suppléer, faire une visite d'honnêteté aux Prévôts généraux, lesquels, à défaut de cette visite, s'informeront des causes & époques de leur absence, & en feront note pour en rendre compte au Secrétaire d'État ayant le département de la guerre, & en informer les Intendans, au même effet que ci-dessus.

20.

Recommandations par les Prévôts généraux aux brigades. Punitions publiques.

LES Prévôts généraux profiteront de l'assemblée des brigades à ces revues, pour leur recommander l'observation exacte de leurs devoirs, le zèle le plus actif pour leur service, & la pratique de tout ce qui est prescrit au Titre *de la Subordination & Discipline*, sous les peines y portées. Ces peines seront prononcées sur le champ contre les bas Officiers & Cavaliers qui les auront méritées, & dont les Lieutenans auront cru devoir différer la punition pour la rendre publique lors des revues; & les Prévôts généraux en feront mention dans le compte qu'ils rendront desdites revues.

21.

Louanges méritées, publiquement données.

ILS ne seront pas moins attentifs à rendre compte de ce qu'ils auront trouvé de louable dans la conduite, le service & la tenue de ceux qui se seront distingués à ces différens égards, & auxquels ils en témoigneront publiquement leur satisfaction.

22.

Tournées des Lieutenans dans les lieux de résidence des brigades; leurs époques. Objet de la première.

LES Lieutenans feront trois tournées par année dans chaque lieu de résidence des brigades; savoir, une dans le courant du mois de Février, une autre dans le mois de Juin, & la troisième au mois d'Octobre. La première aura pour objet de vérifier par eux-mêmes, si les bas Officiers & Cavaliers font exactement leur service, s'ils vivent en bonne police & discipline dans leur résidence, ne donnent

TITRE III.

lieu à aucune plainte, & ne contractent point de dettes qui occaſionnent des réclamations. Ils vérifieront également ſi les brigades prêtent main-forte aux Juges & autres perſonnes en droit de la requérir; ſi l'on ſe conforme à cet égard aux règles établies pour les réquiſitions, & s'il n'y a point de prétentions, ſoit de la part des perſonnes en place, ſoit de la part des Sous-lieutenans ou bas Officiers de la Maréchauſſée, qui puiſſent bleſſer les droits des uns ou les devoirs des autres. Ils ſauront pareillement ſi les brigades ne ſont point employées à des fonctions étrangères à leur inſtitution, ou ſi elles ne ſe refuſent pas ſans motifs légitimes, à celles qu'on eſt en droit d'exiger d'elles.

Viſites & vérifications; notes à prendre; contrôle à envoyer.

Ils viſiteront les caſernes, s'aſſureront ſi tous les hommes de chaque brigade y logent & y ſont convenablement; verront les chevaux aux écuries, vérifieront leur état, la qualité des fourrages dont ils ſont nourris, & s'ils le ſont en commun, ainſi qu'il ſera ci-après preſcrit; s'ils ſont bien & régulièrement panſés & ferrés; ſi les bas Officiers & Cavaliers ſont pourvus des uſtenſiles néceſſaires pour le panſement, & de ſarots ou vieux habits pour ménager ceux de l'habillement actuel. Ils verront dans les greniers ce qui peut reſter de l'approviſionnement des fourrages; examineront l'état de l'habillement, équipement, armement & équipage des chevaux, ordonneront les réparations à y faire; & prendront des notes ſur tous ces objets, pour ſervir à la formation du contrôle de leur revue, dont ils adreſſeront une copie au Prévôt général, qui la fera paſſer à l'Inſpecteur.

23.

Seconde tournée des Lieutenans; informations à prendre.

ILS en uſeront de même dans leur tournée du mois de Juin; s'informeront aux Chefs de brigade, des moyens qu'ils ſe propoſent d'employer pour l'approviſionnement du foin, lors prochain; & leur preſcriront ce qu'ils auront à faire pour s'en procurer de la meilleure qualité & au meilleur compte poſſible.

24.

Troiſième tournée; ſon objet.

L'OBJET de la troiſième tournée que feront leſdits

Lieutenans, au mois d'Octobre, dans les résidences des brigades, sera de faire les mêmes examens & vérifications, & de plus de s'assurer si les approvisionnemens de fourrages, tant en foin & paille, qu'avoine, auront été faits, s'ils sont de bonne qualité, & si les prix de leurs achats sont acquittés en tout ou partie; ce qu'ils constateront par le vu des quittances qu'ils se feront représenter. Ils recommanderont aux brigades, de redoubler d'attention pour leur service, & d'exactitude dans leurs tournées, attendu les entreprises plus fréquentes des malfaiteurs dans cette saison.

25.

Crimes & délits constatés par les Lieutenans; informations & procédures en conséquence; brigades rassemblées.

LESDITS Lieutenans se porteront par-tout où leur présence sera nécessaire, non-seulement pour constater les crimes & délits qui auront été commis dans l'étendue de leurs lieutenances, & faire les informations & procédures dont ils sont tenus en leur qualité de Lieutenans de Prévôts des Maréchaux, mais encore pour agir de leur personne toutes les fois que la sûreté publique pourroit être menacée par des émeutes populaires, attroupemens de voleurs, ou autres évènemens. Dans ces cas-là lesdits Lieutenans feront rassembler le nombre de brigades dont ils croiront avoir besoin pour appaiser les désordres & rétablir la tranquillité, & ils en informeront aussitôt l'Intendant de la province & le Prévôt général de leur compagnie, ainsi que de tout ce qu'ils auront fait, & dont ils leur adresseront les procès-verbaux.

26.

Ordres des Lieutenans donnés aux brigades par la voie des Sous-lieutenans.

ILS feront toujours passer leurs ordres aux Commandans des brigades, soit pour les rassembler, soit pour les mettre en mouvement séparément, ou pour tous autres objets, par la voie des Sous-lieutenans, à moins que ceux-ci ne soient absens pour leurs tournées, & que les cas qui exigeront ces ordres, ne soient trop urgens.

27.

Injonction aux Lieutenans de faire servir

ILS feront au surplus remplir exactement, par les Sous-lieutenans, les fonctions qui leur seront ci-après prescrites, *exactement les Sous-lieutenans.*

& exécuter, par les brigades à leurs ordres, tout ce qui sera ordonné aux Titres *du Service ordinaire & extraordinaire des Brigades;* entretiendront parmi elles la subordination & discipline, veilleront à leur tenue, & rendront compte de tous ces objets aux Prévôts généraux.

28.

Fonctions ordinaires des Sous-lieutenans.

L'INTENTION de Sa Majesté ayant été, en créant des Sous-lieutenans de la Maréchaussée, d'établir des surveillans du service des brigades, afin de l'assurer mieux que par le passé; Elle veut & ordonne que lesdits Sous-lieutenans fassent sans cesse des tournées de l'une à l'autre desdites brigades pour la vérification de ce service; à l'effet de quoi ils seront aussi solidement que convenablement montés, & verront chacune des brigades qui seront confiées à leur commandement dans les lieux où elles résideront, au moins tous les huit jours. Ils se feront représenter, par les Commandans desdites brigades, les journaux du service ordinaire & extraordinaire qu'elles auront fait pendant la huitaine, en feront la vérification dans les lieux par où ils passeront, & se porteront exprès dans ceux où ils auront lieu de croire que les brigades supposeront faussement s'être transportées. Ils certifieront les tournées, escortes, mains-fortes à justice & autres actes de service, de la réalité desquels ils se feront assurés, & prendront des mesures & informations pour se rendre certains de ceux sur lesquels ils auront des doutes, & qu'ils ne pourront pas vérifier à l'instant, soit en écrivant sur les lieux, soit en requérant ou chargeant des personnes en qui ils auront confiance de s'en informer. Ils verront les personnes en place des endroits où résideront les brigades, sauront par elles si lesdites brigades sortent souvent, si elles remplissent tous leurs devoirs à la satisfaction du Public, si les Chefs & Cavaliers desdites brigades se comportent dans les résidences, ainsi que dans leurs tournées, avec décence & honnêteté, ou s'ils ne donnent pas lieu à quelques plaintes par des vexations, abus de pouvoir, excès ou violences, commis sous prétexte de leurs fonctions; s'ils ne s'enivrent point,

point, tant aux résidences que dans les tournées, & si, dans ces tournées, ils n'exigent point le rafraîchissement pour eux & pour leurs chevaux.

TITRE III.

29.

Vérifications à faire par les Sous-lieutenans, de la conduite & du service; compte à en rendre.

SI les Sous-lieutenans reçoivent quelque plainte ou dénonciation sur quelques-uns de ces objets, Sa Majesté veut qu'ils vérifient au plus tôt les torts des accusés, qu'ils les punissent comme ils l'auront mérité, & qu'ils en rendent compte aux Lieutenans, pour que les Prévôts généraux, & ensuite les Inspecteurs en soient informés. Sa Majesté déclare qu'Elle fera punir les Sous-lieutenans eux-mêmes qui auroient usé d'indulgence envers les Chefs de brigade & Cavaliers dont les fautes auront été constatées; qu'en cas de récidive, Elle les feroit casser; & qu'ils s'exposeroient à la même punition, s'ils ne remplissoient pas d'ailleurs avec la plus grande attention, tout ce qui vient de leur être ci-dessus ordonné.

30.

Autres vérifications & examens par les Sous-lieutenans.

LESDITS Sous-lieutenans feront en outre dans le plus grand détail, à chacune de leurs inspections dans les résidences, les vérifications & examens concernant les casernes, chevaux, fourrages, habillement, équipement, armement & équipages des chevaux, prescrits par les articles 22, 23 & 24 du présent Titre pour celles des Lieutenans, auxquels ils en rendront compte.

31.

Porteront aux brigades l'argent de leur solde, &c.

ILS seront chargés de porter aux brigades l'argent de leurs solde, fourrages & payemens de service extraordinaire, dont ils leur remettront en même temps les décomptes signés des Lieutenans, & visés des Prévôts généraux.

32.

Se feront accompagner par deux Cavaliers.

POURRONT les Sous-lieutenans prendre dans les résidences, pour les accompagner de l'une à l'autre, deux Cavaliers, pourvu qu'il n'y ait pas, dans le jour, quelque service à faire de préférence, ou des ordres pressés à exécuter;

& pourvu encore que lesdits Sous-lieutenans s'arrangent de manière à ne point mettre les Cavaliers qui les accompagneront dans le cas de découcher, ce que Sa Majesté leur défend expressément, sous peine d'être punis. Ces escortes des Sous-lieutenans tiendront lieu d'une tournée, & seront portées en conséquence sur les journaux de service ordinaire.

33.

Commanderont les détachemens de quatre ou cinq brigades; les rassembleront au besoin.

LORSQU'IL y aura lieu de faire agir un détachement de quatre ou cinq brigades, les Sous-lieutenans en prendront le commandement, & exécuteront ce qui leur sera prescrit, ou qu'ils jugeront devoir faire pour le bien du service de Sa Majesté & la sûreté publique. Ils pourront rassembler ce nombre de brigades dans les cas pressés, sans attendre les ordres des Lieutenans, mais ils auront soin de leur en rendre compte.

34.

Ne feront jamais de conduites.

LES Sous-lieutenans ne feront jamais de conduites, quelle que soit la qualité des personnes, & le nombre des bas Officiers ou Cavaliers employés à leur escorte; l'intention de Sa Majesté étant qu'ils ne puissent point quitter leurs arrondissemens, sans qu'ils y soient autorisés par des congés de sa part.

35.

Défenses aux Sous-lieutenans, de manger chez les Chefs de brigade.

LEUR défend au surplus Sa Majesté, de la manière la plus expresse, d'accepter jamais le moindre repas ou rafraîchissement chez les bas Officiers chefs de brigade, ou de manger aux frais desdits bas Officiers dans les auberges, à peine d'être cassés comme indignes du rang d'Officier.

Défense générale à tout Officier de manger chez un Officier inférieur.

Sa Majesté défend en général à tout Officier supérieur de la Maréchaussée, de prendre des repas, lors de ses tournées, chez les Officiers inférieurs, & à ceux-ci de lui en offrir; & Elle prendra des mesures pour être informée des contraventions qu'on oseroit se permettre à cette défense.

28. Avril 1778. 210.

TITRE IV.

Du Service ordinaire des Brigades.

ARTICLE PREMIER.

Ordre à prendre pour le service; & compte à en rendre.

TOUS les jours un Cavalier de chaque brigade ira, avant six heures du matin en été, & avant huit heures en hiver, prendre l'ordre chez le Commandant de la brigade, & le rendra aux deux autres Cavaliers; & au retour des tournées, courses, conduites ou autre service, tant dans le lieu de la résidence qu'en campagne, l'ancien des Cavaliers du détachement qui en aura été chargé, ira en rendre compte audit Commandant, ainsi que des découvertes & rencontres qu'ils auront faites, & lui remettre la feuille sur laquelle ce service aura été porté. Dans les villes où il résidera un Lieutenant ou un Sous-lieutenant, le Commandant ira tous les jours à l'ordre chez lui, & lui rendra compte chaque soir du service de la journée, comme le matin il l'informera de celui qui aura eu lieu pendant la nuit; enfin dans les résidences des Prévôts généraux, l'ordre sera pris d'eux, & le compte du service leur sera rendu par le Lieutenant, ou s'il n'y en a point, par le Sous-lieutenant, & au défaut de celui-ci, par le Maréchal-des-logis, en sorte que ce soit toujours le second Officier qui prenne l'ordre de l'Officier commandant, & le rende à celui qui le suivra immédiatement, pour parvenir de grade en grade jusqu'aux Cavaliers qui devront l'exécuter, & que la même gradation soit observée pour le compte à rendre de l'exécution à l'Officier commandant.

2.

Tournée journalière par chaque brigade.

IL sera fait chaque jour par deux hommes de chaque brigade, une tournée sur les grands chemins & chemins de traverse, ainsi que dans les bourgs, villages, hameaux, châteaux, fermes & lieux suspects du district de la brigade.

Les Maréchaux-des-logis & Brigadiers rouleront avec les Cavaliers, pour ces tournées, ainſi que pour tous les objets de ſervice, tant ordinaire qu'extraordinaire à remplir; & pour que le tour à marcher ne ſoit jamais interrompu, le Chef de brigade fera toujours le ſervice avec le dernier Cavalier de la brigade, dont ils formeront la première diviſion; & le premier & le ſecond Cavalier, qui formeront la ſeconde diviſion, ſerviront toujours enſemble, & ce alternativement, de manière que la première diviſion qui aura fait le ſervice hors la réſidence un jour, faſſe le lendemain celui de la réſidence; à moins que des circonſtances particulières, des maladies ou autres empêchemens, ne forcent d'intervertir cet ordre; Sa Majeſté défendant aux Chefs de brigade de le changer s'il n'y a néceſſité abſolue, dont ils feront tenus de juſtifier aux Sous-lieutenans; à peine de priſon pour la première fois, & de deſtitution en cas de récidive.

3.

Informations à faire dans les tournées.

DANS ces tournées les Cavaliers s'informeront des voyageurs qu'ils rencontreront, s'il n'a pas été commis quelque crime ou délit dans les lieux d'où ils viennent, ou ſur les routes qu'ils tiennent, & s'ils ont connoiſſance des noms & ſignalemens, demeures ou lieux de retraite de ceux qu'on accuſe ou qu'on ſoupçonne d'en être les auteurs. Ils feront les mêmes informations dans tous les lieux où ils ſe tranſporteront, ſauront de plus ſi on n'y a pas vu de vagabonds ou gens ſuſpects, & s'adreſſeront pour cet effet aux Officiers municipaux, Curés, Seigneurs des paroiſſes & autres perſonnes notables, auxquels ils préſenteront leurs journaux de ſervice ordinaire qu'ils les prieront de ſigner.

4.

Gens à arrêter & à relâcher; procès-verbaux à dreſſer; conduites dans les priſons.

SI on leur donne connoiſſance de quelques criminels ou délinquans, vagabonds ou perſonnes ſuſpectes, ils ſe mettront auſſi-tôt à leur pourſuite, tâcheront de les joindre & les arrêteront, après avoir reconnu que ce ſont les coupables qu'on aura déſignés, ce dont ils s'aſſureront,

autant

autant qu'il sera possible, par leurs réponses aux questions qu'ils leur feront sur leurs noms & leur état, sur les lieux de leur demeure & ceux d'où ils viennent; desquelles réponses ils demanderont que la vérité leur soit prouvée par la représentation des certificats & passeports dont les particuliers ainsi arrêtés, devront être porteurs. Ils relâcheront ceux qui n'étant dénoncés que comme vagabonds ou suspects, se justifieront pleinement par le compte qu'ils rendront de leur conduite, ainsi que par le contenu desdits certificats & passeports; & à l'égard de ceux qui demeureront suspects de crimes ou délits, ou qui seront convaincus d'être errans & vagabonds, les Cavaliers qui les auront arrêtés, dresseront des procès-verbaux de leur capture, lesquels procès-verbaux contiendront inventaire des effets trouvés sur lesdits particuliers, & seront signés par deux domiciliés des lieux les plus proches de celui de la capture; après quoi ils seront conduits dans les prisons du lieu où résidera la brigade, qui les fera passer au Lieutenant, ainsi que les procès-verbaux & effets, de brigade en brigade, & dès le lendemain s'il est possible.

5.

Criminels, gens suspects, vagabonds & déserteurs.

LESDITS Cavaliers en useront de même à l'égard des criminels ou délinquans, vagabonds & gens suspects ou sans aveu, qu'ils rencontreront sur les routes. Ils arrêteront aussi les déserteurs & autres gens dont ils auront les signalemens, & les conduiront pareillement aux prisons de leurs résidences, après avoir rempli les mêmes formalités.

6.

Assassins, voleurs & autres délinquans, domiciliés ou non, arrêtés en flagrant délit.

ILS arrêteront les assassins, voleurs & autres délinquans trouvés en flagrant délit, domiciliés ou non domiciliés, de même que ceux contre lesquels la clameur publique excitera leur ministère; & ils en useront à leur égard conformément à ce qui est prescrit par l'article 3, sauf aux Lieutenans à délaisser aux Juges compétens la connoissance des crimes & délits dont les accusés se trouveront coupables.

TITRE IV.

Procès-verbaux des déclarations faites aux Chefs de brigade.

7.

Les chefs des brigades dont les Cavaliers auront fait des captures, s'informeront par eux-mêmes de la vérité des faits qui y auront donné lieu, & dresseront des procès-verbaux des déclarations qui leur auront été faites par les particuliers arrêtés, d'après les questions faites à ceux-ci par lesdits Chefs de brigade; lesquels procès-verbaux seront signés, tant par eux que par les accusés, sinon sera fait mention de leur refus, ou de leur déclaration qu'ils ne savent ou ne peuvent signer; pour, lesdits procès-verbaux de déclarations, être envoyés, ainsi que ceux de capture, aux Lieutenans des districts, qui en rendront compte aux Prévôts généraux; & les effets, papiers & argent trouvés sur les prisonniers, seront déposés aux greffes des lieutenances, dans chacune desquelles lesdits prisonniers auront été arrêtés.

Recherches des gens suspects dans les auberges.

8.

Les Chefs de brigade & Cavaliers se feront représenter la liste des étrangers logés dans les auberges & cabarets, tant des villes & lieux de leurs résidences, que de ceux où ils feront des tournées, à l'effet de reconnoître s'il ne se trouveroit point parmi ces étrangers des gens suspects, ou qu'ils auroient ordre d'arrêter. Enjoint Sa Majesté aux Aubergistes & Cabaretiers, de représenter ladite liste sans difficulté ni exception d'aucune des personnes qui doivent y être inscrites, ou à défaut de cette liste, de déclarer leurs noms & leur état; & de faciliter aux brigades de la Maréchaussée l'exercice de leurs fonctions en toutes circonstances; à peine d'être poursuivis à la requête de son Procureur au Siége de la Connétablie, d'après les procès-verbaux qui seront dressés contr'eux par les bas Officiers & Cavaliers.

Procès-verbaux à dresser des crimes & delits.

9.

Si lesdits bas Officiers & Cavaliers apprenoient dans leurs tournées, qu'il eût été commis quelque vol, assassinat, incendie ou autre crime, ils recueilleroient toutes les circonstances, renseignemens & indices qui pourroient servir à en faire connoître les auteurs, & ils en dresseroient leurs procès-verbaux qu'ils enverroient sans retard à leur Lieutenant, sans négliger cependant les recherches nécessaires pour la découverte & capture des coupables.

10.

Police des bas Officiers & Soldats en sémestre.

ILS s'informeront si les bas Officiers & Soldats en semestre, ne commettent point de désordres, ne font point tapage, ou ne troublent point la tranquillité publique, de quelque manière que ce soit; dans ces cas-là ils les arrêteront sur la dénonciation de gens dignes de foi, dont ils feront mention dans les procès-verbaux qu'ils seront tenus de dresser; & ils les conduiront dans les prisons des lieux de résidence des brigades, d'où ils seront transférés dans celles de la résidence du Lieutenant, auquel ils enverront en même temps lesdits procès-verbaux.

11.

Visa de leurs congés.

SA MAJESTÉ ayant ordonné que tous lesdits bas Officiers & Soldats sémestriers, seroient tenus de faire viser leurs congés par les Officiers de Maréchaussée des districts dans lesquels ils auroient déclaré vouloir passer leur sémestre; Elle enjoint aux Chefs de brigade de se faire représenter tous lesdits congés, de les viser, & de tenir des états exacts des époques auxquelles ils expireront; voulant Sa Majesté que tout bas Officier, Soldat, Chasseur, Cavalier, Dragon & Hussard qui n'auroit pas fait viser son congé volontairement par le Chef de la brigade la plus proche du lieu de son sémestre, soit mis en prison pour autant de jours qu'il auroit différé de remplir cette obligation, à compter du quatrième jour après son arrivée audit lieu; & que ceux qui refuseroient de représenter leurs congés, à l'effet du *visa* ci-dessus mentionné, soient arrêtés & conduits en prison, jusqu'à ce qu'il ait été donné des ordres par le Secrétaire d'État ayant le département de la guerre, pour les faire conduire à leurs régimens, de brigade en brigade.

12.

LES bas Officiers, Soldats, Chasseurs, Cavaliers, Dragons

TITRE IV.

Sémestriers en retard de rejoindre.

& Hussards qui seront rencontrés après l'expiration de leurs congés, dans les lieux où ils auront dû passer leur sémestre, ou ailleurs, & qui ne justifieront point des prolongations qu'ils pourroient avoir obtenues, ou d'ordres pour rester en recrue, seront arrêtés par les brigades de la Maréchaussée, & conduits dans les prisons, jusqu'à ce que les ordres pour les transférer à leurs régimens, aient été expédiés. Enjoint Sa Majesté à toutes lesdites brigades, de s'occuper particulièrement, dans leurs tournées, de la recherche desdits bas Officiers, Soldats, Chasseurs, Cavaliers, Dragons & Hussards en retard de rejoindre; & ordonne aux Officiers de la Maréchaussée d'y veiller.

13.

Visite à l'entrée de la nuit des fermes & cabarets isolés.

DANS le cours de leurs tournées, & principalement à l'entrée de la nuit, lorsqu'ils en reviendront, les Cavaliers s'informeront dans les fermes & dans les cabarets isolés, s'il n'y a point de vagabonds & mendians, lesquels ils arrêteront. Ils fouilleront les bois & lieux suspects, à l'effet des mêmes captures; & feront le guet sur les chemins.

14.

Patrouilles les jours de foire & de marché par les brigades des lieux où ils se tiendront.

LES jours de foire & de marché dans les villes où il y aura des brigades en résidence, elles assisteront auxdites foires & marchés pour y maintenir le bon ordre & la tranquillité; & sur le soir les deux divisions de chaque brigade feront des patrouilles sur les routes les plus fréquentées, jusqu'à deux lieues, pour protéger le retour des particuliers & marchands qui auront été auxdites foires & marchés.

15.

Transport d'une ou plusieurs brigades aux foires, marchés, fêtes patronales & assemblées.

LESDITES brigades se porteront aux foires, marchés, fêtes patronales & assemblées qui se tiendront dans l'étendue de leurs districts; & lorsqu'il y aura lieu de présumer que le concours du Public y sera grand, non-seulement la brigade du district y assistera, mais encore une autre brigade la plus voisine, & même deux si cela est nécessaire; le Chef de brigade

brigade supérieur en grade, & à grade égal le plus ancien, commandera le détachement, & il en sera usé de même dans toutes les occasions où plusieurs brigades seront rassemblées pour un service de ville ou de campagne.

16.

Service des brigades aux foires, marchés & assemblées.

LE service auxdites foires, marchés, fêtes & assemblées se fera par une patrouille de deux hommes de chaque brigade qui y sera détachée, laquelle patrouille marchera en ordre, armée de mousquetons, la baïonnette au bout, & sera relevée d'heure en heure par la seconde division de la même brigade, en sorte qu'il y ait continuellement autant de patrouilles de deux hommes dans une assemblée, qu'il y assistera de brigades. Le surplus des Chefs de brigade & Cavaliers, restera au corps-de-garde que le Commandant du détachement aura établi dans le lieu le plus à portée qu'il sera possible de la foire, du marché ou de l'assemblée, pour être en état de s'y porter en cas d'émeute, de violences ou de désordres.

17.

Retour aux résidences; les voyageurs protégés.

LES brigades ne se retireront desdites foires, marchés & assemblées, que lorsqu'ils seront entièrement finis; & elles se rendront assez lentement à leurs résidences, pour qu'elles puissent observer les passans, protéger les voyageurs, & empêcher les rixes qui ont quelquefois lieu au retour de ces assemblées.

18.

Correspondance des brigades entr'elles.

LES brigades correspondront une fois par semaine, avec chacune de celles dont elles seront environnées, jusqu'à la distance de cinq lieues communes de France; & aussitôt après que l'emplacement général des brigades sera arrêté par Sa Majesté, les Prévôts généraux fixeront les lieux de rendez-vous où elles seront tenues de se porter pour les correspondances.

19.

Objets des correspondances.

CES correspondances, qui auront lieu en faisant les

tournées ordonnées par l'article 2 du présent Titre, auront pour objet, de la part des brigades, de se communiquer les avis qu'elles auront pu recevoir sur tout ce qui intéresse la sûreté publique, & de concerter leurs opérations relatives à la recherche des malfaiteurs dont elles auroient connoissance : elles serviront aussi à la traduction des prisonniers, dont les conduites auront été ordonnées de brigade en brigade ; & enfin, à la remise des ordres & lettres des Prévôts généraux & Lieutenans, vers les résidences desquels lesdites correspondances seront toujours dirigées.

20.

Certificats pour constater l'exactitude des correspondances.

POUR constater que les bas Officiers & Cavaliers s'y rendront exactement, non-seulement ceux qui y seront envoyés, feront certifier sur les journaux leur transport dans les lieux par lesquels ils auront passé ; mais ils se donneront réciproquement un certificat, qui fera mention de l'heure à laquelle ils seront arrivés au rendez-vous & de celle de leur départ ; ainsi que de ce qu'ils auront appris les uns des autres, & des ordres ou lettres qu'ils se feront remis.

21.

Escortes des Troupes en marche.

LORSQU'IL passera des Troupes dans le district d'une brigade, elle se portera en arrière & sur les flancs desdites Troupes, arrêtera les traîneurs ou ceux qui s'écarteroient de la route, & les remettra au Commandant du Corps ; de même que ceux qui commettroient des désordres, soit dans les marches, soit dans les lieux où ils séjourneront.

22.

Journal du service ordinaire. Vérification de ce service.

TOUS les objets de service mentionnés au présent Titre, seront portés, jour par jour, à mesure qu'ils auront été remplis, sur le journal du service ordinaire, dont les feuilles seront envoyées à la fin de chaque année, pour l'année suivante, à chaque Prévôt général, qui en fera la distribution aux brigades de sa compagnie. Les Chefs de brigade & Cavaliers qui seront de service hors la résidence, porteront dans leurs tournées la feuille de ce journal pour le mois courant, & y feront mention de leur transport dans chaque

28. Avril 1778.

lieu, ainsi que du service qu'ils y auront fait, lequel ils feront attester par les signatures des personnes désignées en l'article 3 : ils rapporteront cette feuille au Chef de la brigade, pour y insérer le service qui aura été fait à la résidence, & le faire également certifier ; & à la fin de chaque mois, les Chefs de brigade remettront ladite feuille au Sous-lieutenant, qui, après qu'il aura fait la vérification du service de la dernière huitaine, conformément à ce qui est prescrit par l'article 27 du Titre III, enverra les différentes feuilles des brigades de son inspection, au Lieutenant, qui les vérifiera à son tour, & les fera passer au Prévôt général ; lequel, après avoir examiné toutes celles des brigades de sa compagnie, pour s'assurer de la réalité du service qui y sera porté, visera lesdites feuilles, & les adressera à l'Intendant, afin qu'il puisse faire faire aussi la vérification du même service, s'il le juge à propos, & en rendre compte, tant au Secrétaire d'État ayant le département de la guerre, qu'à celui de la province.

23.

Les Intendans informés des évènemens & découvertes qui intéresseront leur administration.

VEUT Sa Majesté, qu'indépendamment de l'envoi tous les mois, par les Prévôts généraux, aux Intendans, des journaux de service mentionnés en l'article précédent, ils leur fassent part à l'instant des avis qu'ils recevront par les brigades, des évènemens & découvertes qui pourront intéresser la police & administration dont lesdits Intendans sont chargés ; & que les Lieutenans, Sous-lieutenans & même les Chefs de brigade, rendent compte directement auxdits Intendans, de ces évènemens & découvertes, lorsqu'ils seront de nature à exiger de promptes mesures pour le maintien de l'ordre & de la tranquillité publique, & ce sans préjudice du compte à rendre par lesdits Officiers & Chefs de brigade, aux Prévôts généraux.

214.

TITRE V.

Du Service extraordinaire.

ARTICLE PREMIER.

Destination de la Maréchaussée en général; ordres qu'elle doit exécuter.

L'INTENTION de Sa Majesté est que la Maréchaussée s'emploie en toute circonstance pour le maintien du bon ordre & de la tranquillité publique; qu'elle soit la force dont les autorités établies dans les provinces pourront user pour la police & administration dont elles sont chargées; & qu'en conséquence les Officiers de ce Corps exécutent & fassent exécuter avec toute la diligence nécessaire les ordres de Sa Majesté qui leur parviendront directement, ou qui leur seront remis ou communiqués, ainsi que ceux des Secrétaires d'État, Gouverneurs & Commandans des provinces, & ceux des Officiers généraux commandant les divisions de ses Troupes.

2.

Ordres à exécuter pour le bien de la justice & de la police générale; devoir de la Maréchaussée, lors des rentrées des Cours & Cérémonies publiques.

LES ordres que les Premiers Présidens & Procureurs généraux auront à donner pour tout ce qui concernera le bien de la justice & de la police générale, seront exécutés par la Maréchaussée conformément à l'arrêt du Conseil du 8 janvier 1724. Et lors des rentrées des Cours, des processions de la Fête-Dieu, de l'octave de cette Fête, & de celles d'institution royale, & autres cérémonies auxquelles elles assisteront en vertu des ordres de Sa Majesté, le Prévôt général, ou l'Officier qui commandera en son absence, fera trouver auxdites cérémonies, à l'heure qui lui aura été indiquée par le Premier Président ou celui qui présidera la compagnie, les brigades en résidence dans la ville où la cérémonie aura lieu, lesquelles seront commandées par un Lieutenant ou un Sous-lieutenant, qui sera chargé d'empêcher l'affluence du peuple & de maintenir le bon ordre & la décence auxdites cérémonies.

3. TOUT

TITRE V.

3.

TOUT ce que les Intendans jugeront à propos d'ordonner à la Maréchaussée, concernant l'administration dont ils sont chargés, sera de même par elle exécuté; & afin que la forme à employer par lesdits Intendans, pour l'exécution de ce qu'ils auront à prescrire, soit compatible avec la constitution militaire du corps de la Maréchaussée, Sa Majesté l'a réglée & entend qu'elle soit observée ainsi qu'il suit: *Le service du Roi exige que* (tel Officier ou bas Officier) *commande ..... fasse ..... se transporte ..... arrête, &c. & qu'il nous fasse part* (ou nous rende compte, si c'est un bas Officier,) *de l'exécution de ce qui est par nous ci-dessus prescrit au nom de Sa Majesté.* FAIT *à .....*

Forme à employer par les Intendans pour l'exécution de ce qu'ils auront à prescrire à la Maréchaussée.

4.

LORSQUE les Intendans parcourront leurs généralités, pour asseoir les impôts, pour faire faire la levée des Soldats provinciaux, ou pour toutes autres opérations, les Lieutenans ou Chefs de brigade en résidence dans les lieux où ils passeront, exécuteront ou feront exécuter ce qui sera demandé par lesdits Intendans pour la sûreté desdites opérations & le maintien du bon ordre; & à cet effet les Chefs de brigade qui auront été prévenus de leur arrivée, seront tenus de se rendre, un peu auparavant, à leurs logemens pour savoir s'ils ont besoin du ministère de la Maréchaussée, & la faire agir aussitôt, conformément à ce qui est ordonné par l'article précédent.

Ce que devront faire les Lieutenans & Chefs de brigade, lors des tournées des Intendans.

5.

LES Officiers de Justice feront toujours par écrit leurs réquisitions à la Maréchaussée, pour la main-forte qu'elle devra donner aux Huissiers chargés de l'exécution de leurs sentences, décrets & ordonnances. Il en sera usé de même par les Commissaires des guerres, Subdélégués, & autres personnes en place, relativement aux ordres & opérations qu'ils auront à faire exécuter: ils exprimeront dans ces réquisitions les objets de service à remplir, & les adresseront à l'Officier, ou bas Officier de la Maréchaussée qui

Officiers de justice, & autres, tenus de faire leurs réquisitions par écrit à la Maréchaussée.

TITRE V.

commandera dans le diſtrict, ou dans l'endroit où leur exécution devra avoir lieu, laiſſant auxdits Officiers le ſoin de ladite exécution, qu'ils feront faire par tels bas Officiers & Cavaliers, en tel nombre & de la manière qu'ils jugeront à propos.

6.

Défenſes aux Juges & autres perſonnes déſignées, de ſe ſervir des termes : ordonnons, enjoignons *ou* mandons.

SA MAJESTÉ défend expreſſément aux Juges & autres perſonnes déſignées en l'article précédent, de ſe ſervir dans leurs réquiſitions à la Maréchauſſée, des termes : *ordonnons*, *enjoignons*, ou *mandons ;* voulant que celles qui ſeroient conçues en cette forme, ſoient envoyées en original aux Prévôts généraux, & par eux adreſſées au Secrétaire d'État ayant le département de la guerre, pour en être rendu compte à Sa Majeſté.

7.

Les Chefs de brigade & Cavaliers s'en tiendront à la main-forte, ſans s'immiſcer dans les fonctions des Huiſſiers.

LES Chefs de brigade & Cavaliers de la Maréchauſſée, n'agiront jamais directement, dans les affaires qui ne ſont pas de la compétence des Prévôts des Maréchaux, mais prêteront ſeulement main-forte en vertu des réquiſitions mentionnées en l'article 5; & cette main-forte aura pour objet d'empêcher que les Huiſſiers porteurs des ſentences & décrets de juſtice ne ſoient troublés dans leur exécution, ſans que les Chefs de brigade & Cavaliers s'immiſcent en aucune manière dans les fonctions deſdits Huiſſiers.

8.

Ne ſerviront que comme garde de police, & main-forte à juſtice lors des exécutions.

EN conſéquence, lors des exécutions des criminels condamnés par les Tribunaux ordinaires, les détachemens de la Maréchauſſée, commandés à l'occaſion deſdites exécutions, ne ſerviront que comme garde de police & main-forte à juſtice, prépoſée pour contenir le peuple, empêcher les émeutes, & garantir de trouble dans leurs fonctions les Officiers de juſtice chargés de faire mettre à exécution les arrêts, jugemens ou ſentences de condamnation. Enjoint Sa Majeſté aux Officiers ou bas Officiers commandant leſdits détachemens, de faire & ordonner tout ce qui ſera

28. avril 1778.

dû & néceſſaire pour leſdites exécutions, conformément à ce qui eſt preſcrit ci-deſſus.

9.

Conduites des priſonniers.

LORSQU'IL ſera queſtion de faire des conduites de priſonniers en exécution d'ordres de Sa Majeſté, les Maréchaux-des-logis, Brigadiers & Cavaliers qui en ſeront chargés, marcheront toujours à cheval avec leurs uniforme & armement complets, ſoit que les priſonniers ſoient à pied, à cheval ou en voiture, à moins qu'ils ne ſoient conduits en poſte, auquel cas une partie de l'eſcorte pourra prendre place dans les voitures avec les priſonniers, & l'autre partie courir en poſte à côté deſdites voitures. Ces conduites ſeront toujours faites avec la plus grande économie, & il n'y ſera employé de voitures que pour les priſonniers qui ſeront dans l'impoſſibilité abſolue de voyager à pied, ce qui ſera atteſté par des certificats de Médecins ou de Chirurgiens, ſuivant la nature de leurs maladies ou empêchemens. Sa Majeſté ordonne auxdits bas Officiers & Cavaliers de faire bonne & ſûre garde des priſonniers dont ils ſeront chargés, déclarant qu'ils en répondront & ſeront caſſés en cas d'évaſion deſdits priſonniers, à moins qu'ils ne leur ſoient enlevés par force, ce dont ils ſeront tenus de juſtifier par leurs procès-verbaux & déclarations des témoins, qu'ils enverront ſur le champ aux Lieutenans dans les diſtricts deſquels ces enlèvemens auroient eu lieu.

10.

Conduites de brigade en brigade; payement des frais de nourriture des priſonniers.

LES conduites de brigade en brigade, de Déſerteurs, Soldats en retard de rejoindre ou délinquans, ſeront faites de la même manière; & les brigades ſe remettront réciproquement les priſonniers, ainſi que les ordres de conduite, papiers, argent & effets dont elles ſeront chargées, deſquels la brigade qui les recevra, donnera une décharge à celle qui en aura fait la remiſe, & ce juſqu'à l'arrivée des priſonniers à leur deſtination: Leſdits priſonniers ſeront dépoſés chaque nuit dans les priſons des réſidences des brigades, ou, à défaut de priſons, dans une chambre ſûre des caſernes,

Les Déſerteurs & Soldats vivront au moyen de deux ſous par lieue, dont les Commiſſaires des guerres & Subdélégués feront l'avance ſur les routes, au compte de Sa Majeſté ou des régimens; & il ſera dreſſé des états des frais de nourriture des autres priſonniers, le montant deſquels états ſera payé aux différentes brigades par qui & comme il eſt ordonné par l'arrêt du Conſeil du 1.er juin 1775, portant règlement pour le payement du ſervice extraordinaire des Maréchauſſées.

11.

Étape & logement pour les conduites de Déſerteurs & Soldats; payemens pour les autres.

Les Cavaliers qui ſeront dans la néceſſité de découcher de leurs réſidences pour les conduites des Déſerteurs & Soldats, auront l'étape & le logement pour eux & leurs chevaux, ſur les ordres des Intendans ou de leurs Subdélégués; & lorſqu'ils découcheront pour les conduites d'autres priſonniers, ils ſeront payés, ainſi qu'il eſt réglé par l'arrêt cité en l'article précédent.

12.

Journées de marche fixées; comment payées aux Maréchaux-des-logis.

Les journées de marche des Chefs & Cavaliers des brigades, ſeront, l'une dans l'autre, de huit lieues en été & de ſix en hiver; & elles ſeront payées aux Maréchaux-des-logis ſur le pied réglé pour les Exempts de Maréchauſſée, par l'arrêt ſuſmentionné.

13.

Eſcorte des voitures publiques.

Les Chefs de brigade eſcorteront & feront eſcorter, autant qu'il ſera poſſible, les voitures publiques qui paſſeront à portée de leurs réſidences, ſur-tout dans les paſſages dangereux ou ſuſpects.

14.

Eſcorte des deniers royaux.

Ils eſcorteront pareillement & feront eſcorter les deniers royaux, ſur les réquiſitions qui leur ſeront faites par les Receveurs des impoſitions, les Tréſoriers des Troupes ou Prépoſés aux tranſports deſdits deniers; & les détachemens chargés de ces eſcortes, ne pourront, ſous quelque prétexte que ce ſoit, quitter les voitures, mulets ou chevaux de tranſport, qu'ils n'aient été relevés par d'autres.

15.

DANS les cas où les Officiers, bas Officiers & Cavaliers de Maréchaussée éprouveroient des troubles, insultes ou excès, étant dans leurs fonctions, ils en dresseront des procès-verbaux, lesquels seront envoyés sans délai par les Chefs de brigade au greffe du Siége prévôtal dans le ressort duquel ces excès auroient été commis; & si les délinquans ont été arrêtés lors desdits excès, enjoint Sa Majesté aux Chefs de brigades de les faire conduire, le plus diligemment que faire se pourra, aux prisons dudit Siége, pour y être détenus à la requête du Procureur de Sa Majesté audit Siége, & être incontinent interrogés sur les faits résultans desdits procès-verbaux; & seront lesdits procès-verbaux, ensemble ceux de capture & conduite esdites prisons & lesdits interrogatoires, à la diligence dudit Procureur de Sa Majesté, envoyés à celui de la Connétablie & Maréchaussée de France, à la Table de marbre du Palais à Paris, pour être, sur ses conclusions, statué en ce Siége ce qu'au cas appartiendra. Ordonne Sa Majesté que copie desdits procès-verbaux, tant d'excès que de capture, & les interrogatoires subis par les accusés, soient en même temps, par le Prévôt général ou son Lieutenant, adressés au Secrétaire d'État ayant le département de la guerre.

TITRE V.

Procès-verbaux des troubles, insultes ou excès éprouvés par la Maréchaussée en fonction; captures des délinquans; procédures à la Connétablie.

16.

VEUT & entend Sa Majesté que les Officiers, bas Officiers & Cavaliers de Maréchaussée, se conforment dans leurs fonctions relatives à l'exercice de la justice prévôtale, à ce qui est prescrit par l'Ordonnance de 1670, & les Édits, Déclarations & Règlemens concernant lesdites fonctions.

Injonction à la Maréchaussée de se conformer à l'Ordonnance de 1670 & autres.

TITRE VI.

Des Honneurs.

ARTICLE PREMIER.

LA Maréchaussée rendra les honneurs aux mêmes personnes, dans les mêmes cas & de la même manière que

Les honneurs rendus par la Maréchaussée

TITRE VI.

comme les rendent les autres corps des Troupes, sauf ceux dûs à M. le Chancelier.

les autres corps de ses Troupes; défendant très-expressément Sa Majesté aux Officiers de celui de la Maréchaussée, d'en rendre ou faire rendre à qui que ce soit qui n'auroit pas droit d'en exiger, en vertu de ses Ordonnances militaires, sauf à la personne de Monf. le Chancelier, conformément à l'arrêt du Conseil du 7 janvier 1760.

TITRE VII.

Des Appointemens & Solde.

ARTICLE PREMIER.

Fixation des appointemens ou solde.

SA MAJESTÉ voulant traiter favorablement les Officiers, bas Officiers & Cavaliers de Maréchaussée, en considération du service continuel dont ils sont chargés, & de la nature de ce service, Elle a réglé qu'ils jouiront des appointemens & solde ci-après.

SAVOIR:

	APPOINTEMENS ET SOLDE.		
	PAR JOUR.	PAR MOIS.	PAR AN.
À chaque Inspecteur général	11# 2f 2d $\frac{2}{3}$	333# 6f 8d	4000#
À chaque Prévôt général, (indépendamment des gages fixés pour l'intérêt de la finance de sa charge, par l'Édit du mois de mars 1720)	6. 13. 4. //	200. // //	2400.
À chaque Lieutenant, (outre les gages fixés par le même Édit)	3. 6. 8. //	100. // //	1200.
À chaque Sous-lieutenant	2. 15. 6. $\frac{2}{3}$	83. 6. 8.	1000.
À chaque Maréchal-des-logis	1. 13. 4. //	50. // //	600.
À chaque Brigadier	1. 5. // //	37. 10. //	450.
À chaque Cavalier	1. // 4. //	30. 10. //	366.
Au Trompette	// 15. // //	22. 10. //	270.

51

TITRE VII.

2.

Gratifications pour frais de Voyages.

SA MAJESTÉ accorde en outre à chaque Inspecteur général, une gratification de deux mille livres par an, pour frais de voyages; à chaque Prévôt général cinq cents livres, & à chaque Lieutenant trois cents livres, pareillement pour frais de voyages; desquelles gratifications ils seront payés annuellement, après avoir fait les revues exigées au Titre III de la présente Ordonnance.

3.

Les appointemens & solde payés tous les mois; état à dresser par chaque Lieutenant à cet effet.

SA MAJESTÉ fera payer les appointemens & solde ci-dessus réglés, tous les mois, sur les revues des Commissaires des guerres, qui n'auront lieu néanmoins que tous les quatre mois; Au moyen de quoi Sa Majesté veut & entend que chacun des Lieutenans dresse, du 1.er au 5.e jour de chaque mois, un état qu'il certifiera véritable, des hommes & des chevaux existans dans les brigades dont il aura le commandement, & qui auront été présens auxdites brigades pendant le mois précédent; que ledit état soit par eux adressé aussi-tôt après au Prévôt général de chaque compagnie, qui formera en conséquence son état général des hommes à payer, & le remettra au Commis du Trésorier général des Maréchaussées servant près de lui. Il certifiera véritable & signera ledit état; & demeurera garant des payemens faits en conséquence, sauf son recours contre les Lieutenans, s'il est reconnu, d'après leurs états qu'il gardera, qu'il ait été porté sur lesdits états des hommes ou des chevaux non existans aux brigades, ou absens d'icelles sans congés; voulant Sa Majesté que le trop payé qui pourroit résulter de la comparaison des états des Prévôts généraux avec les extraits de revue des Commissaires des guerres, soit retenu sur les appointemens desdits Prévôts généraux ou Lieutenans qui auroient produit les états infidèles, en conséquence desquels le Commis du Trésorier auroit payé des appointemens & soldes qui n'étoient pas dûs.

4.

Retenue pour l'entretien.

VEUT Sa Majesté que sur la solde ci-dessus réglée, il

ſoit fait, par les Maréchaux-des-logis & Brigadiers Chefs des brigades, une retenue de deux ſous par jour à chaque Cavalier deſdites brigades, tant pour leur entretien en linge, culottes, bas, bottes & ſouliers, que pour le payement des ferrages & entretien des équipages de leurs chevaux. Cette retenue ſera gardée par leſdits Chefs de brigade, qui délivreront aux Cavaliers les ſommes néceſſaires pour les objets ſuſdits, veilleront à leur emploi, & feront le décompte tous les quatre mois à chacun deſdits Cavaliers, de ce qui pourra leur revenir, après qu'il aura été ſuffiſamment pourvu aux achats & entretien deſdits objets.

5.

Défenſe de faire d'autre retenue ſans ordre.

SA MAJESTÉ défend très-expreſſément de faire aucune autre retenue ſur leſdits appointemens & ſolde, ſous quelque prétexte que ce ſoit, à moins qu'Elle ne l'ait ordonné, ou que les Inſpecteurs & Prévôts généraux n'aient arrêté, lors de leurs revues, un état de celles qui devront être faites extraordinairement pour des remplacemens ou réparations à la charge des bas Officiers & Cavaliers; deſquels états leſdits Inſpecteurs adreſſeront des doubles au Secrétaire d'État ayant le département de la guerre.

6.

Suppreſſion des retenues pour objets étrangers à la ſubſiſtance.

DÉCLARE Sa Majeſté qu'à compter de la date de la préſente Ordonnance, Elle ne fera plus ordonner de retenues ſur les appointemens & ſolde des Officiers, bas Officiers & Cavaliers de Maréchauſſée, ſi ce n'eſt pour l'acquit de leur nourriture perſonnelle, leſdits appointemens & ſolde n'étant deſtinés qu'au payement de cet objet, ainſi qu'aux dépenſes qu'exige le ſervice; & les créanciers deſdits Officiers, bas Officiers & Cavaliers devant pourſuivre leur payement en Juſtice pour toutes autres fournitures ou créances.

7.

Appointemens & ſolde à la guerre.

SE réſerve au ſurplus Sa Majeſté de fixer les appointemens & ſolde dont jouiront les Officiers, bas Officiers & Cavaliers des

des détachemens de la Maréchaussée qu'Elle jugera à propos de faire servir à la guerre.

TITRE VIII.

Des Fourrages.

ARTICLE PREMIER.

INDÉPENDAMMENT des appointemens réglés aux Prévôts généraux, Lieutenans & Sous-lieutenans, par l'article 1.er du Titre précédent, Sa Majesté accorde à chaque Prévôt général, deux places de fourrages; & une place à chaque Lieutenant & Sous-lieutenant, lesquelles Elle leur fera payer à la fin de chaque année, sur le pied de trois cents livres par place.

Places de fourrages payées en argent aux Officiers.

2.

SA MAJESTÉ fera également tenir compte à chaque Maréchal-des-logis, Brigadier & Cavalier, outre la solde qu'Elle leur a accordée par l'article susdit, d'une ration de fourrages par jour, laquelle sera composée en tout temps de deux tiers de boisseau d'avoine, de dix livres de foin & de dix livres de paille, ou de douze livres de foin & de cinq livres de paille seulement, dans les endroits où elle sera rare.

Ration à chaque bas Officier & Cavalier.

3.

LE payement desdites rations sera fait par les Trésoriers généraux des Maréchaussées en trois termes; savoir, un tiers au moins par évaluation de ce que chaque ration pourra coûter, dans le courant du mois de Mai, un autre tiers au mois de Septembre, & l'autre tiers ou environ, qui sera le décompte du prix connu de la ration pour toute l'année, au mois de Février de l'année suivante.

Les rations de fourrages payées par tiers.

4.

LE montant de chacun desdits payemens, dont le premier servira à acquitter l'approvisionnement de foin pour une année, le second celui de l'avoine, & le troisième à solder ces deux objets, s'ils n'ont pu l'être entièrement, ainsi que

L'argent des fourrages remis au Chef

de brigade pour l'approvisionnement commun.

la paille précédemment achetée ou dont il restera à se pourvoir, sera remis pour chaque brigade au Maréchal-des-logis ou Brigadier qui la commandera, & employée par lui aux achats en lieux & saisons convenables, sous l'inspection des Sous-lieutenans, qui se feront représenter les marchés des différentes natures de fourrages qui auront été passés, lesquels marchés seront faits par le Chef & les Cavaliers de chaque brigade conjointement, & par eux signés.

5.

Vérification par les Sous-lieutenans, des quantités & qualités achetés; états à en dresser; mesures à établir.

LES Sous-lieutenans vérifieront exactement si les quantités portées dans les marchés auront été livrées, & si les fourrages sont de bonne qualité. Ils en formeront un état dont ils remettront un double signé d'eux à chaque Chef de brigade, & ils ordonneront que les bottes de foin & de paille soient mises au poids de dix livres, ou celles de foin à douze livres, dans les lieux où la ration de paille ne pourra être que de cinq livres, le tout afin de régler & faciliter la distribution du fourrage pour la consommation de chaque jour; & ils s'assureront de l'exécution de cet ordre. Enfin ils feront établir pour chaque brigade deux mesures, l'une de deux tiers de boisseau dont la base sera de huit pouces carrés dans œuvre sur six pouces huit lignes de hauteur; & l'autre, qui sera nommée *jointée*, du tiers de cette première mesure, c'est-à-dire de cinq pouces carrés, sur cinq pouces huit lignes de hauteur; & ils étalonneront ces mesures pour s'assurer qu'elles ne seront point changées.

6.

Distribution du fourrage.

LA distribution du fourrage se fera chaque jour en présence du Chef de la brigade & en son absence par le Cavalier qu'il en chargera. Il en sera délivré une ration complette pour chaque cheval présent à la résidence; & comme elle ne pourra être consommée qu'en partie par ceux qui en seront détachés pour le service en campagne, la portion qui en restera sera donnée de moins à la distribution du lendemain, à l'effet de quoi les fourrages ne seront point comptés dans les enregistremens journaliers qui seront prescrits ci-après, par rations, mais le foin & la paille par livres, & l'avoine par jointées.

7.

Tiers de ration d'avoine porté en campagne.

POURRONT les Chefs de brigade & Cavaliers, partant pour une tournée en campagne, & qui devront revenir coucher à la résidence, emporter le tiers de la ration en avoine, auquel cas elle ne leur seroit point déduite à la distribution du lendemain.

8.

État de la distribution à tenir par le Chef de Brigade.

IL sera tenu par le Chef de chaque brigade, un état sur lequel sera porté, jour par jour, la distribution des fourrages qui aura été faite pendant un mois; & les Sous-lieutenans se feront représenter & viseront cet état tous les quinze jours, afin de s'assurer que cette distribution a été faite sans abus ni lésion.

9.

Les états des achats comparés avec ceux de distribution.

A la fin de chaque année les états des achats seront, par les Sous-lieutenans, comparés avec ceux des distributions, & ils vérifieront si les quantités qui devront rester dans les magasins s'y trouveront réellement, faute de quoi ils constateront le *deficit* par un procès-verbal qu'ils adresseront aux Lieutenans, lesquels les enverront aux Prévôts généraux, qui en rendront compte aux Officiers supérieurs, afin que le Secrétaire d'État en soit informé, & mette Sa Majesté en état de prononcer sur les dédommagemens qui devront être imposés aux Chefs de brigade, par la négligence ou infidélité desquels le *deficit* auroit eu lieu, & sur les punitions à leur infliger. Cette comparaison desdits états servira au surplus à régler les approvisionnemens qui devront être faits pour l'année suivante, & les Sous-lieutenans tiendront la main à ce qu'ils aient toujours lieu à raison de quatorze cents quarante rations complettes pour chaque année, y compris le revenant-bon de l'année précédente.

10.

Les fourrages de la Maréchaussée

SERONT exempts du payement de tous droits d'octrois & entrées pour les fourrages de l'approvisionnement des *exempts de tous droits, comme ceux des Troupes.*

chevaux des brigades, les Maréchaux-des-logis, Brigadiers & Cavaliers desdites brigades; voulant Sa Majesté qu'ils jouissent à cet égard des mêmes franchises accordées à ses autres Troupes.

TITRE IX.

Du Logement.

ARTICLE PREMIER.

Casernes, écuries & greniers; ce qu'ils doivent contenir.

SA MAJESTÉ ordonne qu'il soit fourni, dans chaque lieu de résidence des brigades de Maréchaussée, une caserne ou maison pour en tenir lieu, composée au moins de cinq chambres, dont quatre à cheminée, pour chaque brigade, d'une écurie de six chevaux, & de greniers ou magasins suffisans pour contenir l'approvisionnement d'une année en foin, paille & avoine, sur le pied de quatorze cents quarante rations par an pour chaque brigade, fixé au Titre précédent; que lesdites maisons & casernes soient d'ailleurs pourvues de toutes les commodités nécessaires, comme cour, puits, grande porte, &c. afin que le service soit fait avec facilité, & que les Cavaliers ne soient pas obligés de déposer les fumiers de leurs chevaux aux portes des casernes. Veut aussi Sa Majesté que lesdites casernes soient situées, autant qu'il sera possible, dans les rues de passage les plus considérables, afin de mettre les brigades à portée d'observer les voyageurs.

2.

Défense d'y introduire des locataires étrangers.

DÉFEND Sa Majesté qu'il soit introduit dans lesdites maisons des locataires qui puissent gêner le service des brigades, annoncer leur marche & divulguer leurs opérations.

3.

Sommes à payer pour tenir lieu du logement en nature.

DANS les lieux de résidence des brigades où il ne seroit pas possible de fournir les logemens en nature, tels qu'ils sont ci-dessus ordonnés, ce qui sera constaté par les procès-verbaux procès-verbaux des Commissaires des guerres ou Subdélégués, Sa Majesté veut & entend qu'il soit payé, pour en tenir lieu; savoir, à chaque Maréchal-des-logis, une somme de soixante-dix livres par an; à chaque Brigadier, celle de soixante livres; & à chaque Cavalier, celle de cinquante livres.

4.

Contribution au payement de ces sommes par tous les habitans non exempts du logement des gens de guerre.

ET attendu que lesdits bas Officiers & Cavaliers, chargés de pourvoir à la sûreté, non-seulement des habitans des villes & lieux où les brigades seront en résidence, mais encore de ceux des endroits dépendans de leurs districts, ont droit d'être logés chez les uns & les autres, ainsi que le seroient les détachemens des autres Troupes qu'il plairoit à Sa Majesté d'envoyer en garnison pour son service dans lesdites villes, lieux & endroits; son intention est que tous & chacun desdits habitans non exempts du logement des gens de guerre, contribuent au payement des sommes qu'Elle a fixées par l'article précédent, soit pour tenir lieu du logement en nature, soit pour l'acquit des loyers des casernes qui seront réellement fournies.

5.

Logement des Officiers, payé en argent.

SA MAJESTÉ voulant fixer en argent le logement des Officiers, Elle entend qu'il soit payé pour cet objet une somme de cinq cents livres à chaque Prévôt général, celle de deux cents cinquante livres à chaque Lieutenant, & celle de cent cinquante livres à chaque Sous-lieutenant; le tout sur les fonds provenans de la contribution des provinces, pour le rachat du logement en nature.

6.

Logement effectif fourni aux Inspecteurs, lors de leurs tournées.

LES Inspecteurs généraux jouiront du logement effectif dû à leurs grades, lors de leurs tournées pour les revues qu'ils feront en conformité de l'article 1.er du Titre III de la présente Ordonnance.

7.

Les brigades payées du logement;

ORDONNE expressément Sa Majesté, que dans les lieux où le logement des brigades sera payé en argent, faute de *tenues de louer une écurie & grenier communs.*

casernes, il soit loué par chacune desdites brigades, une écurie pour loger six chevaux, & un grenier contenant l'approvisionnement de fourrages d'une année, afin que les chevaux soient nourris en commun, & que les distributions de fourrages soient faites ainsi qu'il a été prescrit au Titre précédent. Sa Majesté charge les Prévôts généraux de s'en faire rendre compte, & de veiller d'ailleurs à ce que les Chef & Cavaliers de chaque brigade, logent dans le même quartier, & le plus à portée l'un de l'autre qu'il sera possible.

8.

Chevaux des Cavaliers étrangers logés aux écuries des casernes.

VEUT au surplus Sa Majesté que chaque brigade donne place à l'écurie aux chevaux des Cavaliers des brigades étrangères qui en seront détachés pour quelque objet de service; & qu'ils cèdent auxdits Cavaliers les rations de fourrage qu'il leur faudra pour la nourriture de leurs chevaux, au prix qu'aura coûté ledit fourrage, dont la distribution sera employée sur l'état mentionné en l'article 8 du Titre précédent; & le payement touché par le Commandant de la brigade, enregistré sur le même état.

9.

Les prisonniers déposés en route dans une chambre de la caserne.

ENTEND pareillement que dans les lieux de résidence des brigades où il n'y aura point de prisons, les prisonniers arrêtés par lesdites brigades ou conduits par les brigades étrangères, soient déposés dans la chambre la plus sûre de la caserne, & gardés, dans le dernier cas, par les Cavaliers de la résidence, & non des brigades étrangères.

TITRE X.

Des Remontes.

ARTICLE PREMIER.

Trois cents livres à donner par chaque Cavalier entrant, pour l'achat d'un cheval.

AUCUN Cavalier ne pourra être pourvu de sa place dans la Maréchaussée, qu'il n'ait fait sa soumission au Prévôt général de la compagnie dans laquelle il devra entrer, de remettre à la caiſſe de la Maſſe de remonte, dans le délai d'un mois, à compter de la date de ſa commiſſion, une ſomme de trois cents livres, pour être employée à l'achat d'un cheval; & ſi, à l'expiration de ce délai, ladite ſomme n'eſt point remiſe à la caiſſe, veut Sa Majeſté que le Cavalier qui aura manqué de l'acquitter, ſoit congédié.

2.

Cas où il ſera rendu partie des trois cents livres.

QUOIQUE l'intention de Sa Majeſté ſoit de donner gratuitement les places de Cavalier, de même que les autres places & emplois de la Maréchauſſée, ladite ſomme de trois cents livres ſera néanmoins conſidérée comme une finance repréſentative de celle qu'Elle auroit pu fixer, ſans rembourſement, pour acquérir leſdites places, ſi elles avoient été par Elle établies ſur ce pied; au moyen de quoi Sa Majeſté déclare, qu'arrivant le décès, la retraite, l'abandon ou la deſtitution d'un Maréchal-des-logis, Brigadier ou Cavalier, il ne pourra prétendre, ni ſes héritiers, que cette ſomme, employée à l'achat de ſon cheval, lui ſoit rendue, ni que ledit cheval lui appartienne; excepté dans le cas où un Cavalier viendroit à quitter ſa place, ou à en être privé dans l'eſpace de trois années, à compter de la date de ſa commiſſion; voulant Sa Majeſté qu'il lui ſoit rendu la ſomme de deux cents livres s'il ſe retire dans la première année, cent livres s'il ſe retire dans la ſeconde année, & cinquante livres ſi ſa retraite n'a lieu que dans la troiſième; bien entendu qu'il n'auroit pas été remonté par la Maſſe, & qu'il n'auroit rien reçu de ſes bénéfices; car dans les cas contraires, la ſomme dont il auroit occaſionné la dépenſe à ladite Maſſe, ou qu'il auroit touchée, lui ſeroit précomptée ſur celles ci-deſſus réglées.

3.

Maſſe de remonte; Caiſſes établies chez les Lieutenans.

SA MAJESTÉ ſe charge de pourvoir au payement des chevaux de remplacement, de manière que les Maréchaux-des-logis, Brigadiers & Cavaliers ne ſoient dans le cas de ſe remonter à leurs frais, que lorſqu'il ſera prouvé que leurs chevaux auront péri faute de ſoin ou de nourriture; à l'effet de quoi Elle fera faire fonds annuellement d'une somme de trente livres pour la Masse de remonte de chacun desdits Maréchaux-des-logis, Brigadiers & Cavaliers, sur le pied complet; & ladite Masse sera remise à la fin de chaque année, par le Trésorier général en exercice, dans une caisse à trois serrures différentes, qui sera établie pour chaque lieutenance, & dont le Lieutenant, dépositaire de ladite caisse, aura une clé, le Procureur du Roi du Siége prévôtal une autre clé, & le Greffier dudit Siége la troisième.

4.

Les Lieutenans responsables des deniers de la Masse de remonte.

DÉCLARE Sa Majesté qu'Elle rend responsables des deniers renfermés dans les caisses de la Masse de remonte, les Lieutenans dépositaires d'icelles; & que s'il arrivoit qu'aucun d'eux en eût diverti la moindre somme, Elle le feroit casser de son emploi, & emprisonner jusqu'à ce qu'il eût restitué ladite somme; & attendu que le Lieutenant n'auroit pu commettre cet abus de confiance sans la participation ou la négligence des Procureur du Roi & Greffier, gardiens de chacun une clé de la caisse, Sa Majesté déclare pareillement qu'Elle les feroit destituer de leurs commissions.

5.

Achat, âge & taille des chevaux.

LORSQU'UN Cavalier arrivera à une brigade, ou qu'il sera, ainsi qu'un Maréchal-des-logis ou Brigadier, dans le cas d'être remonté, le Chef de brigade & les Cavaliers s'occuperont conjointement d'en trouver un de l'âge de cinq à six & jusqu'à huit ans, & de la taille de quatre pieds huit à neuf pouces, à tous crins, & de couleur noire ou brune, qui soit bien fait & d'un bon service; & le marché en sera par eux fait, sous la condition expresse que ledit cheval sera agréé par le Lieutenant, sans quoi ce marché demeureroit sans effet; & si le Lieutenant trouve le cheval bon & convenable, il en acquittera le prix en présence du Procureur du Roi & du Greffier du Siége prévôtal, sur une réquisition par écrit du Chef de brigade & des Cavaliers, & d'eux signée; laquelle réquisition contiendra le signalement

du

du cheval, ainſi que le prix convenu avec le Marchand, qui mettra ſa quittance au bas de ladite réquiſition.

TITRE X.

6.

Comptabilité de la Maſſe de remonte; regiſtre de recette & dépenſe.

LES réquiſitions ainſi quittancées, ſeront miſes dans les caiſſes, au lieu & place des ſommes qui en auront été tirées pour acquitter le prix des chevaux; en ſorte que leſdites caiſſes contiennent toujours, tant en argent qu'en quittances, le montant de la Maſſe que les Tréſoriers généraux y auront fait mettre; indépendamment de quoi les Lieutenans, Procureur du Roi & Greffier tiendront chacun un regiſtre de recette & dépenſe de ladite Maſſe, dont chaque Lieutenant enverra tous les quatre mois un relevé, qu'il certifiera véritable, au Prévôt général, qui formera l'état général de la ſituation de ſa compagnie, & l'adreſſera à l'Inſpecteur, lequel en rendra compte au Secrétaire d'État ayant le département de la guerre.

7.

Vérification de la Maſſe, lors des revues.

LES Inſpecteurs & Prévôts généraux auront ſoin de vérifier, lors de leurs revues, ſi la ſituation des Maſſes eſt conforme aux états qui leur en auront été fournis; & les Commiſſaires des guerres pourront, à chacune de leurs revues, exiger les mêmes états, & s'aſſurer de l'exiſtence deſdites Maſſes, par la vérification de l'argent ou des effets qui en repréſenteront la valeur.

8.

Partage des bénéfices.

DANS le cas où la Maſſe de remonte d'une lieutenance ſe trouvera, par le bon choix des chevaux, & les ſoins apportés à leur conſervation, avoir bénéficié lors de la revue de l'Inſpecteur, d'une ſomme égale au montant de ſix mois de ladite Maſſe ou au-deſſus, indépendamment du fonds d'une année, qui demeurera en réſerve dans la caiſſe; & que ledit Inſpecteur, ſatisfait de l'état des chevaux, jugera qu'il ne devra point y en avoir à remplacer dans le reſtant de l'année; l'intention de Sa Majeſté eſt que main-levée ſoit par lui faite du bénéfice, & qu'il ſoit diſtribué aux

Maréchaux-des-logis, Brigadiers & Cavaliers, par portions égales, & en proportionnant celle des Cavaliers nouvellement admis dans la Maréchaussée au temps depuis lequel ils y serviront.

9.

Condition à laquelle les Chefs de brigade & Cavaliers, participeront au partage des bénéfices.

LES Chefs de brigade & Cavaliers qui se feront remontés des deniers de la Masse, ne seront admis au partage du bénéfice, qu'après que les sommes qui auront été tirées de la caisse pour payer leurs chevaux, y auront été remboursées par les fonds que Sa Majesté fera verser annuellement dans ladite caisse pour chacun d'eux, sur le pied fixé par l'article 3.

10.

Chevaux des bas Officiers & Cavaliers morts, retirés, &c. vendus sous quinzaine.

LES chevaux des bas Officiers & Cavaliers décédés, retirés ou congédiés, seront conservés pour les hommes qui devront remplacer lesdits bas Officiers & Cavaliers, s'ils sont convenables & d'un bon service, sinon ils seront, à la diligence des Lieutenans, vendus sous quinzaine, en présence du Subdélégué ou Juge du lieu où le marché sera passé; lesdits Subdélégué ou Juge en constateront le prix par leur certificat, au bas du procès-verbal de vente, que les Chefs de brigade & Cavaliers seront tenus de dresser, lequel procès-verbal, signé par l'acheteur, sera remis avec l'argent, à la caisse de la Masse de remonte, pour être représenté au Commissaire des guerres lors de sa revue. Déclare Sa Majesté qu'Elle fera retenir sur les appointemens des Lieutenans, le prix de la nourriture des chevaux excédant le nombre des hommes, que lesdits Lieutenans auroient négligé de faire vendre, lorsqu'il y aura lieu, dans le délai de quinze jours.

11.

Chevaux des Chefs de brigade & Cavaliers qui changeront de résidence.

LES Chefs de brigade & Cavaliers qui changeront de résidence, ne pourront emmener avec eux leurs chevaux, qui resteront aux brigades d'où ils partiront, pour servir aux Chefs de brigade & Cavaliers par lesquels ils seront remplacés; en sorte que les chevaux seront censés appartenir aux brigades & non aux hommes dont elles seront composées ; & le partage des bénéfices de la Masse de remonte sera relatif à cette disposition, de manière que ceux qui monteront des chevaux payés par la caisse de remonte, ne puissent y participer qu'après la rentrée à ladite caisse de ce qu'ils auront coûté, conformément à l'article 9.

12.

Défense de vendre ou changer les chevaux sans permission.

SA MAJESTÉ défend aux Chefs de brigade & Cavaliers, de vendre ni changer leurs chevaux, sans la permission par écrit des Inspecteurs, à qui elle sera demandée par les Prévôts généraux, sur le compte que les Lieutenans rendront à ces derniers de la nécessité des remplacemens ; & Elle entend que lesdites permissions soient représentées aux Commissaires des guerres, lors de leurs revues ; enjoignant Sa Majesté auxdits Commissaires de passer à pied ceux qui auroient changé leurs chevaux sans y être autorisés.

13.

Chevaux des Officiers, signalés.

VEUT au surplus Sa Majesté, que les Prévôts généraux, Lieutenans & Sous-lieutenans, aient des chevaux à eux appartenans, & qu'ils passent avec lesdits chevaux, les revues des Commissaires des guerres, sur les contrôles desquels ils seront signalés, à peine d'être privés de leurs places de fourrages ; permet cependant auxdits Officiers de monter des chevaux à courte queue, si bon leur semble, pour la commodité & diligence de leur service.

TITRE XI.

De la Bourse commune.

ARTICLE PREMIER.

Bourse commune dans chaque brigade.

IL sera établi dans toutes les brigades une bourse commune dans laquelle seront mises toutes les amendes prononcées au profit de la Maréchaussée, les gratifications pour les captures ; à l'exception de celles pour les Déserteurs, qui ſeront toujours partagées par égale portion entre ceux qui les auront faites, & généralement tous les payemens qui ſeront faits par Sa Majeſté ou par les particuliers, pour vacations & ſervice extraordinaire.

2.

Regiſtre de recette.

LE Chef de brigade ſera chargé de la bourſe commune: il en tiendra regiſtre, coté par le Lieutenant en toutes ſes pages, ſur lequel il portera par dates toutes les recettes qu'il aura faites, & les cauſes qui les auront produites.

3.

État à envoyer des payemens pour ſervice extraordinaire.

VEUT Sa Majeſté qu'il ſoit fait, par le Sous-lieutenant, un relevé tous les deux mois, ſur ce regiſtre, des ſommes qui auront été payées à la brigade pour ſon ſervice extraordinaire, ſoit par Sa Majeſté, des fonds de ſon domaine ou autres, ſoit par les particuliers, & que de ce relevé, remis au Lieutenant & par lui envoyé au Prévôt général, celui-ci forme un état général des payemens ainſi faits à chacune des brigades de ſa compagnie, & l'adreſſe pareillement tous les deux mois au Secrétaire d'État ayant le département de la guerre. Il ſera fait mention, par obſervation ſur chaque relevé dudit regiſtre, des conteſtations ou retards de payemens prétendus ou demandés par la brigade, & le Prévôt général rapportera ces obſervations, avec ſon avis ſur chacune, dans l'état général qu'il adreſſera audit Secrétaire d'État.

4.

Avances aux Cavaliers pour les conduites éloignées.

IL fera l'avance ſur les fonds de cette bourſe, des ſommes dont les Cavaliers auront beſoin pour faire des conduites éloignées, & s'en rembourſera ſur le produit deſdites conduites.

5.

Partage de la bourſe commune.

LE partage de ladite bourſe ſera fait, d'après la permiſſion du Prévôt général, à la fin de chaque année, ou au beſoin tous les ſix mois, en préſence du Sous-lieutenant, qui viſera l'état dudit partage, & en rendra compte au Lieutenant qui en informera le Prévôt général.

6. SA

6.

SA MAJESTÉ fixe le partage de la bourſe commune, dans toutes les brigades, à un tiers de la ſomme pour le Chef, & au tiers des deux tiers qui reſteront pour chacun des trois Cavaliers deſdites brigades; en ſorte que, ſur neuf parts égales, trois appartiendront au Chef & deux à chacun deſdits Cavaliers. *Proportion du partage.*

TITRE XII.

Des Revues des Commiſſaires des guerres.

ARTICLE PREMIER.

LES Commiſſaires des guerres feront les revues de la Maréchauſſée tous les quatre mois; ſavoir, du 15 au 30 Avril, pour les quatre premiers mois de chaque année; du 15 au 30 Août, pour les mois de Mai, Juin, Juillet & Août; & du 15 au 30 Décembre, pour les quatre derniers mois de l'année. *Époques des revues des Commiſſaires des guerres.*

2.

LESDITS Commiſſaires des guerres, avant de faire leurs revues, informeront le Prévôt général de la compagnie dont ils devront voir les brigades, du jour auquel il conviendra qu'elles ſe tranſportent dans les endroits où elles devront être aſſemblées à l'effet deſdites revues: les brigades ne pourront s'y rendre que par les ordres du Prévôt général, qui ne pourra changer le jour indiqué pour chaque revue, & aura ſoin d'en informer le Commandant de la province. *Les Prévôts généraux informés des jours de revue; ordres pour l'aſſemblée.*

3.

SA MAJESTÉ donnera des ordres pour qu'il ſoit fait chaque année des contrôles pour toutes les compagnies de Maréchauſſée, & pour qu'ils ſoient envoyés aux Commiſſaires-ordonnateurs & principaux, employés dans les départemens où ſerviront leſdites compagnies, ou la plus forte partie; leſquels Commiſſaires-ordonnateurs & principaux les diſtribueront aux Commiſſaires qu'ils chargeront de faire les *Contrôles de revue.*

revues de chaque lieutenance ; à l'effet de quoi lesdits contrôles seront composés d'une feuille pour chaque brigade, afin qu'ils puissent être divisés en autant de parties qu'il y aura de Commissaires ordinaires employés aux revues de chaque compagnie.

4.

Forme des contrôles.

CES contrôles contiendront les noms des Prévôt général, Lieutenans, Sous-lieutenans, Maréchaux-des-logis, Brigadiers & Cavaliers de chaque compagnie, & les signalemens exacts des chevaux des Officiers, bas Officiers & Cavaliers. Il y aura douze cases en blanc, pour les douze mois de l'année ; le Commissaire des guerres marquera dans celles des mois pour lesquels il fera sa revue, si chaque homme y aura été présent ou absent, ainsi que les raisons, le jour & la durée de son absence, & s'il sera mort ou congédié ; il y observera de plus si les hommes dont seront composées les brigades, sont montés ou à pied, pourquoi ces derniers n'ont plus de chevaux, & à compter de quel jour.

5.

Enregistrement des hommes & des chevaux ; avis des mutations.

LESDITS contrôles seront faits de manière qu'ils soient suffisans pour enregistrer le nombre d'hommes & de chevaux de remplacement qu'il pourra y avoir dans chaque brigade pendant le courant de l'année ; & à cet effet, lorsqu'il y aura des hommes nouvellement admis dans les brigades de chaque lieutenance, ou qui passeront d'une brigade à une autre dans l'intervalle des revues, le Prévôt général sera tenu d'en envoyer l'état au Commissaire des guerres, certifié de lui ; il lui enverra de même les signalemens des nouveaux chevaux, avec la date de leur réception ; & lorsqu'un emploi sera vacant par mort, démission ou autrement, le Prévôt général en instruira le Commissaire des guerres, ainsi que de l'époque de la vacance dudit emploi ; il l'informera également des chevaux qui viendront à manquer, afin qu'il fasse mention de tous ces changemens sur le contrôle, dans la case de chacun des mois où ils auront eu lieu.

TITRE XII.

6.

Renouvellement des contrôles.

A la fin de chaque année, il sera adressé de nouveaux contrôles aux Commissaires-ordonnateurs & principaux des guerres, qui renverront les anciens au Secrétaire d'État ayant le département de la guerre, après avoir préalablement fait transcrire sur les nouveaux, par les Commissaires chargés des revues, les noms & grades des hommes existans au premier Janvier de la nouvelle année, par relevé sur les anciens.

7.

Appel des hommes.

LORSQU'UNE lieutenance devra passer en revue, les brigades dont elle sera composée, seront rangées comme il est prescrit par l'Instruction annexée à la présente Ordonnance. Dans cette position, le Commissaire fera l'appel, sur le contrôle de la lieutenance, des hommes qui y seront inscrits, vérifiera les changemens faits dans chaque brigade depuis sa dernière revue, marquera dans les cases des mois les présens & les absens; portera pareillement le nombre des chevaux existans à chaque brigade, après avoir vérifié sur le contrôle, si ce sont les mêmes qui y sont déjà signalés; & en conséquence, arrêtera sa revue.

8.

Obligation d'être présens aux revues.

L'INTENTION de Sa Majesté étant que tous les Officiers, bas Officiers & Cavaliers qui composent chaque lieutenance, soient présens aux revues, Elle veut & entend qu'ils ne puissent s'en dispenser, & en être dispensés que dans les cas ci-après expliqués.

9.

Hommes employés pour le service.

LES Commissaires des guerres comprendront dans leurs extraits de revues, les hommes qui se trouvant, au moment desdites revues, chargés de l'exécution des ordres du Roi ou de quelqu'autre service important, relativement à leurs fonctions, ne pourront se trouver au lieu d'assemblée; le Lieutenant sera tenu, dans ces cas-là, de remettre un certificat au Commissaire des guerres, lequel certificat sera adressé au Secrétaire d'État ayant le département de la guerre, ainſi qu'il ſera ci-après expliqué.

10.

Malades.

A l'égard des Officiers, bas Officiers & Cavaliers qui ſe trouveront, à l'époque des revues des Commiſſaires des guerres, retenus dans les lieux de leurs réſidences pour raiſon de maladies ou indiſpoſitions qui ne leur permettroient pas de ſe rendre aux lieux d'aſſemblée indiqués pour leſdites revues, le Lieutenant ſera tenu de remettre au Commiſſaire des guerres, des certificats ſignés d'un Chirurgien domicilié dans le lieu de la réſidence de l'Officier, bas Officier ou Cavalier malade; ces certificats ſeront également ſignés par les Subdélégués, & à leur défaut, par les Maire & Échevins, ou Syndics deſdits lieux, & ſeront pareillement adreſſés au Secrétaire d'État ayant le département de la guerre.

11.

Chevaux malades ou éclopés.

Il ſera remis également au Commiſſaire des guerres, dans la forme preſcrite par l'article précédent, des certificats pour les chevaux malades ou éclopés, qui n'auroient pu être conduits à ſa revue; leſquels certificats ſeront ſignés par un domicilié dans le lieu de la réſidence de l'Officier, bas Officier ou Cavalier, à l'uſage duquel ſera ledit cheval; viſés par les Subdélégués, Maire, Échevins ou Syndics des lieux, & adreſſés comme les précédens, au Secrétaire d'État ayant le département de la guerre.

12.

Procès-verbaux des chevaux morts.

A l'égard des chevaux qui mourront dans l'intervalle des revues, le Lieutenant ſera tenu de rapporter au Commiſſaire des guerres, des procès-verbaux de deux Maréchaux domiciliés dans le lieu, qui conſtateront exactement le jour où leſdits chevaux ſeront morts; ces procès-verbaux ſeront pareillement viſés par les Subdélégués des lieux, Maire ou Syndics, ſignés du Commandant de la brigade & certifiés par les Lieutenans. Ils ſeront également adreſſés au Secrétaire d'État ayant le département de la guerre.

TITRE XII.

13.

Officiers nouveaux, n'ayant pas encore rejoint, paſſés abſens.

DÉFEND très-expreſſément Sa Majeſté aux Commiſſaires des guerres, de faire mention dans leurs revues, des Prévôts généraux, Lieutenans & Sous-lieutenans nouvellement pourvus, qui n'auroient pas encore joint leurs réſidences; entendant Sa Majeſté qu'ils ne ſoient employés ſur leſdites revues & payés de leurs appointemens, que du jour auquel ils ſe feront rendus à leurs emplois; à l'effet de quoi il ſera fait mention à la première revue à laquelle leſdits Officiers ſeront préſens, de la date de leurs proviſions ou commiſſions, ainſi que du jour de leur réception, & de celui auquel ils auront commencé à exercer leurs fonctions.

14.

Bas Officiers & Cavaliers, paſſés préſens du jour de leur arrivée aux brigades, montés ou à pied.

QUANT aux Maréchaux-des-logis, Brigadiers & Cavaliers nouvellement pourvus, ils ne pourront être portés ſur les revues des Commiſſaires des guerres, qu'après avoir juſtifié de leur réception par un certificat du Greffier du Siége prévôtal où leur commiſſion aura été enregiſtrée, & du jour de leur arrivée à leurs fonctions, par un certificat des Subdélégués, Maire & Échevins ou Syndics du lieu où leur brigade ſera en réſidence; à compter duquel jour ils ſeront employés préſens ſur leſdites revues, montés ou non montés, ſuivant ce qui ſera porté auxdits certificats, leſquels ils ſeront tenus de remettre aux Commiſſaires des guerres à la première revue qu'ils paſſeront.

15.

Mention des Congés.

ENJOINT Sa Majeſté aux Commiſſaires des guerres, de faire mention dans leurs revues des congés qu'Elle jugera à propos de donner aux Prévôts généraux, Lieutenans, Sous-lieutenans, bas Officiers & Cavaliers, pour ſortir de leurs départemens, arrondiſſemens & diſtricts, ainſi que de l'époque à laquelle ils en ſeront ſortis: Et lorſque leſdits Officiers, bas Officiers & Cavaliers auront joint leur réſidence, ils ſeront tenus, à la première revue qu'ils paſſeront, de préſenter leſdits congés aux Commiſſaires des guerres, leſquels les rappelleront dans leurs revues, pour être, les Officiers, payés du tiers de leurs appointemens; & les bas Officiers & Cavaliers, du tiers de leur ſolde pendant tout le temps de leur abſence, ſi leſdits congés ſont accordés avec appointemens.

16.

Appointemens de ceux qui auront excédé leurs congés.

A l'égard des Officiers, bas Officiers & Cavaliers qui ne joindront pas à l'expiration de leur congé, les Commiſſaires des guerres les rappelleront également dans leurs revues, pour être payés de leurs appointemens & ſolde pendant leur abſence; mais l'intention de Sa Majeſté eſt que leſdits appointemens ſoient affectés au payement des Surnuméraires qui auront ſervi pour les malades, à moins que Sa Majeſté ne juge à propos de diſpenſer leſdits Officiers, bas Officiers & Cavaliers, de la rigueur de cette diſpoſition, lorſqu'Elle aura reconnu la validité des raiſons qui les auront empêchés de rejoindre à l'expiration deſdits congés.

17.

Revue des Commiſſaires des guerres, concertées avec les Inſpecteurs.

SA MAJESTÉ ayant ordonné au Titre III de la préſente Ordonnance, qu'il ſeroit fait tous les ans des revues d'inſpection de chacune des compagnies de la Maréchauſſée, par les Inſpecteurs, ainſi que par les Prévôts généraux, & que leſdites revues auroient lieu, autant qu'il ſeroit poſſible, en même temps que celles des Commiſſaires des guerres; ſon intention eſt que leſdits Commiſſaires concourrent, en ce qui dépendra d'eux, à l'exécution de cette diſpoſition: Veut auſſi Sa Majeſté que les Commiſſaires des guerres ſoient exactement informés par les Prévôts généraux, des changemens que leſdites revues d'inſpection pourront occaſionner dans le contrôle, afin qu'ils puiſſent en faire mention, tant dans ledit contrôle que dans les extraits de revue.

18.

Envois des extraits de revue au Secrétaire d'État de la guerre.

LES Commiſſaires enverront, auſſitôt après qu'ils auront fait chaque revue, un extrait de cette revue au Commiſſaire-ordonnateur ou au Commiſſaire principal, & ils y joindront un état des changemens survenus dans l'intervalle de l'une à l'autre, dans chacune des lieutenances dont ils auront la police, ainsi que les signalemens exacts des hommes & des chevaux nouvellement admis, & les différens certificats & procès-verbaux qui doivent être remis, dans les différens cas prévus par les articles 9, 10, 11 & 12 du présent Titre. Sur les extraits ainsi fournis aux Commissaires-ordonnateurs & principaux, ceux-ci formeront l'extrait des revues de toute la compagnie, le signeront & l'adresseront, ainsi que les pièces ci-dessus mentionnées, au Secrétaire d'État ayant le département de la guerre, dans les dix premiers jours du mois qui suivra celui où les revues auront été faites.

19.

Envoi des extraits de revue aux Trésoriers général & particulier.

ILS enverront en même temps de pareils extraits des revues de chaque compagnie, sans qu'ils soient néanmoins accompagnés d'aucun état, au Trésorier général des Maréchaussées en exercice, & au Trésorier commis par lui dans ladite province, auquel ils feront passer en même temps les extraits mortuaires qu'ils se feront délivrer en bonne forme, des Officiers, bas Officiers & Cavaliers qui seront morts.

20.

Confrontation des extraits avec les contrôles.

POUR s'assurer au surplus, que ces extraits seront conformes aux contrôles, d'après lesquels les revues devront avoir été faites par appel, Sa Majesté donnera ses ordres pour les faire confronter auxdits contrôles, & se faire rendre compte de leur exactitude.

21.

Les bas Officiers & Cavaliers reçus aux hôpitaux.

ORDONNE Sa Majesté que les bas Officiers & Cavaliers de Maréchaussée qui seront malades, soient reçus aux hôpitaux des lieux de leur résidence, & s'il n'y en a point, à l'hôpital le plus prochain, pour y être traités suivant les usages pratiqués pour les autres Troupes; & sera fait en conséquence, à chacun de ceux qui auront été soignés esdits hôpitaux, une retenue de la moitié de sa solde, d'après les états qui en auront été arrêtés par les Commissaires des guerres.

TITRE XIII.

De l'Habillement, Équipement & Armement.

ARTICLE PREMIER.

Composition de l'habillement.

L'HABILLEMENT sera composé, pour les Maréchaux-des-logis, Brigadiers & Cavaliers, d'un habit de drap de Lodève ou de Berry, bleu-de-roi naturel, à paremens, revers & collet de drap écarlate, doublé en serge rouge-garence; veste de drap couleur de chamois, doublée de serge blanche; & culotte de peau, couleur naturelle: Cet habillement sera renouvelé tous les deux ans.

2.

Coupe & proportions de l'habit.

L'HABIT sera coupé de manière à ne former qu'un pli & demi, & croisera par derrière; il sera assez large, ainsi que la veste, pour que les Cavaliers puissent l'agraffer aisément sur la poitrine, & porter un gilet sans qu'ils soient gênés; & il sera tenu assez long pour que, ainsi boutonné, il arrive à quatre pouces de terre, celui qui le portera étant à genoux. Les manches seront aisées & doublées en toile, les poches seront ouvertes en-dessous, & cependant figurées sur l'habit par des pattes ordinaires, bordées d'un passe-poil écarlate; le collet sera droit & portera quinze lignes de hauteur; les revers auront dix-huit à dix-neuf pouces de longueur, & trois pouces & demi de largeur dans la partie supérieure la plus large, trois pouces au milieu, & deux pouces six lignes dans le bas, qui sera coupé carrément.

Paremens.

Les paremens seront fermés à l'ordinaire par une couture; ils auront quatre pouces trois lignes de hauteur, sur une largeur proportionnée à celle des manches, & telle qu'ils en soient détachés en dessous de six lignes, & de dix-huit lignes du poignet.

Boutons.

L'habit sera garni de treize gros boutons & de seize petits,

petits, les uns & les autres de métal blanc, portant un écuſſon à trois fleurs-de-lys, environnées de branches de laurier & d'olivier. Ils ſeront placés; ſavoir, trois gros ſur chaque parement, trois au bas du revers, deux aux hanches & un au bas de chaque pli: ſept petits à chaque revers, un à l'épaulette, qui ſera de drap bleu liſeré en écarlate, & poſée ſur l'épaule droite; & un à l'éguillette, laquelle ſera en ſoie blanche, pour les Maréchaux-des-logis & Brigadiers, & en fil de même couleur, pour les Cavaliers, & ſe portera ſur l'épaule gauche.

Éguillette.

Veſte.

La veſte ſera faite de manière qu'en boutonnant bas, par douze petits boutons, le dernier couvre entièrement la ceinture de la culotte, & qu'elle emboîte bien les hanches & le ventre. Les baſques auront ſix pouces & demi de longueur par-devant, à compter du dernier bouton; elles ne ſeront point arrondies, & elles auront des poches ouvertes, qui ſe fermeront par des pattes garnies chacune de trois petits boutons; les manches ſeront doublées en toile.

Culottes.

Les culottes ſeront faites à pont-levis.

Manteau.

Les Maréchaux-des-logis, Brigadiers & Cavaliers, auront de plus un manteau de drap gris-blanc, piqué de bleu, à collet montant, & dont la rotonde en drap bleu, ſera bordée d'un galon d'argent pour les Chefs de brigade. Ce manteau ſera renouvelé tous les huit ans.

3.

Coiffure.

Il ſera délivré tous les deux ans, pour la coiffure des bas Officiers & Cavaliers, un chapeau de forme profonde, dont les ailes ſeront coupées en rond exact, & bordées d'un galon d'argent de la largeur de ſeize lignes; elles ſeront retrouſſées avec des agraffes, & celle de la gauche portera un gros bouton uniforme, auquel s'attachera la ganſe, qui ſera de fil d'argent. La cocarde ſera de baſin blanc. Les cheveux ſeront liés en queue, & la friſure ne ſera que d'une boucle à chaque face.

TITRE XIII.

4.

Distinctions des bas Officiers.

LES Maréchaux-des-logis seront distingués par un bordé & un galon d'argent, l'un & l'autre de la largeur de dix lignes, cousus sur le parement, à la distance de quatre lignes l'un de l'autre.

Et les Brigadiers porteront sur le parement un seul bordé d'argent de dix lignes, semblable à celui des Maréchaux-des-logis.

Habillement des Trompettes.

Les Trompettes seront vêtus comme les Cavaliers, ils porteront de plus, sur l'habit seulement, un galon de la petite livrée de Sa Majesté, conforme au modèle qui sera donné.

Habillement des Officiers.

L'habillement des Officiers sera absolument le même que celui qui vient d'être réglé, sauf la différence du drap, qui sera d'Elbeuf ou de qualité équivalente, & celle des boutons qui seront argentés.

Aucun desdits Officiers, de tel grade qu'il soit, ne pourra porter sur son uniforme aucun bordé, galon, boutonnières ou agrémens d'argent. Ils ne porteront point non plus de doublures de soie à leurs habit & veste, ni à la redingote, qui sera de drap bleu; Sa Majesté leur réitérant la défense de faire le moindre changement à l'uniforme qu'Elle vient de régler, sous les peines qu'Elle se réserve de prononcer.

5.

Distinctions des Officiers.

LES Inspecteurs généraux porteront de chaque côté, comme Mestres-de-camp, une épaulette de tresse en argent, ornée de franges à graine d'épinards, nœuds de cordelières & cordes à puits: toute espèce de broderie sera & demeurera défendue sur les épaulettes.

Les Prévôts généraux porteront à droite une seule épaulette de même, garnie de franges & agrémens pareils à ceux des Mestres-de-camp.

Les Lieutenans porteront une épaulette en argent, ornée de franges comme celle des Capitaines.

28. Avril 1778.

Les Sous-lieutenans ne pourront porter l'épaulette pleine en argent; elle sera losangée de carreaux de soie écarlate, comme celle des Lieutenans de Cavalerie.

Lesdits Prévôts généraux, Lieutenans & Sous-lieutenans, porteront sur l'épaule gauche l'éguillette en fil d'argent, ou en argent & soie, comme les épaulettes attribuées à leur grade.

6.

Équipement.

LES cols seront de basin blanc, doublés de toile, & auront vingt lignes de large.

Les Chefs de brigade seulement porteront des manchettes, & elles auront, y compris l'ourlet de deux lignes, quinze lignes de hauteur, sans broderie ni festons.

Les Maréchaux-des-logis, Brigadiers & Cavaliers seront toujours en bottes conformes à celles des Dragons, & à cheval ils porteront toujours des gants.

Sa Majesté fera fournir aux bas Officiers & Cavaliers, des gibernes percées pour contenir six cartouches, & couvertes de cuir de veau de couleur naturelle, lesquelles s'attacheront à la fonte du pistolet du côté droit, pour le service à cheval, avec une courroie étroite qui, pour le service à pied, s'attachera sur la veste à deux boutons posés à cet effet, & contiendra la giberne sur le devant de la ceinture au bas du ventre. Elle fera également fournir auxdits bas Officiers & Cavaliers, des ceinturons en baudrier de buffle blanc, longs de quatre pieds huit pouces & de trente lignes de large, lesquels porteront le sabre & la baïonnette dont ils seront armés; les bretelles des mousquetons seront également de buffle blanc, faites dans la forme & avec les garnitures ordinaires.

7.

Harnachement des chevaux.

LA housse pour l'harnachement des chevaux des Maréchaux-des-logis, Brigadiers & Cavaliers, sera de drap bleu, doublée de toile & bordée d'un galon de fil blanc de dix-huit lignes de large. Les chaperons seront à calotte, de même drap que les housses, bordés d'un pareil galon, doublés d'un cuir de veau jaune, & garnis de lanières & boutons, pour assujettir la calotte sur le pistolet. Les fontes seront proportionnées à la grosseur des pistolets & à leur longueur, qui sera ci-après fixée; & elles seront exécutées en cuir très-fort. Les selles seront à quartiers carrées & en cuir fauve; la garniture de bride en cuir noir & le licol, seront en tout semblables à ceux des régimens de Dragons: les bossettes seront en cuivre jaune.

Les housses & les chaperons des Trompettes, seront bordées d'un galon de dix-huit lignes, de la livrée de Sa Majesté, dont le modèle sera fourni.

Il sera fourni de plus à chacun des Maréchaux-des-logis, Brigadiers & Cavaliers, un porte-manteau de drap bleu, doublé d'un treillis ou toile forte, & bordé aux extrémités d'un galon de fil blanc de neuf lignes de large, qui croisera au milieu desdites extrémités coupées en carré, long de neuf pouces sur le plat, & de sept pouces & demi de hauteur: sa longueur sera de vingt-sept pouces. L'ouverture sera de quinze pouces, fermée par une petite patte, qui sera assujettie par une chaîne & un cadenat, & recouverte par une double patte de dix pouces de large & de vingt de longueur, laquelle sera fermée avec trois boucles & contre-sanglons.

8.

Harnachement des chevaux des Officiers.

LA selle uniforme des Officiers, sera de drap bleu, les housses & les chaperons de même couleur, exécutés comme ceux des Cavaliers, & bordés d'un seul galon d'argent des largeurs de trente lignes pour les Prévôts généraux;

Et de vingt lignes pour les Lieutenans & Sous-lieutenans.

9.

Armement.

L'ARMEMENT sera fourni des magasins de Sa Majesté, & consistera, pour les Brigadiers & Cavaliers, en un mousqueton des mêmes longueur & dimensions que ceux de la Cavalerie; une baïonnette, un sabre & deux pistolets de neuf pouces en tout de longueur, qu'ils pourront porter dans les poches.

Les

Les Maréchaux-des-logis ne porteront point de mousqueton : ils seront armés d'un sabre & de deux pistolets semblables à ceux ci-dessus désignés.

L'armement des Trompettes ne consistera qu'en un sabre, qu'ils porteront de la même manière que les Cavaliers.

Les Brigadiers & Cavaliers porteront toujours le mousqueton & la baïonnette en campagne, & dans toutes les occasions où ils seront de service; à peine de prison pour la première fois qu'ils y manqueroient, & de destitution pour la seconde.

10.

Armement des Officiers.

LES Officiers de la Maréchaussée, seront armés d'un sabre & de deux pistolets conformes aux modèles qui leur seront donnés.

11.

Masse de l'habillement.

SA MAJESTÉ fera faire fonds annuellement dans la caisse du Trésorier général des Maréchaussées en exercice, pour la Masse de l'habillement des bas Officiers & Cavaliers de la Maréchaussée, au complet, des sommes ci-après :

SAVOIR;

Par chaque Maréchal-des-logis	45#
Par chaque Brigadier.	42.
Par chaque Cavalier	40.
Par chaque Trompette	30.

Objets d'habillement & d'équippement, dont les bas Officiers & Cavaliers seront tenus de se fournir.

N'entend Sa Majesté que les selles, brides, bridons, licols, & leurs garnitures, autres que les bossettes, soient fournis aux Maréchaux-des-logis, Cavaliers & Brigadiers, qui seront tenus de se les procurer & de s'en-entretenir à leurs frais & uniformément, ainsi que des objets d'habillement & d'équipement mentionnés en l'article 4 du Titre VII.

12.

Habillement des Surnuméraires.

SA MAJESTÉ fera fournir au surplus à chaque Surnuméraire un habit de drap bleu avec boutons semblables à ceux des Cavaliers, & un chapeau uni garni d'un pareil bouton.

TITRE XIV.

Des Récompenses militaires, Priviléges & exemptions.

ARTICLE PREMIER.

Pensions de récompense militaire.

LES Officiers, bas Officiers & Cavaliers de la Maréchaussée qui se trouveront, par leurs infirmités ou par des blessures reçues dans l'exercice de leurs fonctions, absolument hors d'état de continuer leurs services, ce qui devra être constaté de la manière la plus authentique, jouiront des pensions de récompenses militaires ci-après :

SAVOIR;

Les Prévôts généraux	1200₶
Les Lieutenans	600.
Les Sous-lieutenans	400.
Les Maréchaux-des-logis	250.
Les Brigadiers	168.
Les Cavaliers	126.

Retraite à l'hôtel des Invalides.

Ceux desdits Maréchaux-des-logis, Brigadiers & Cavaliers, qui préfèreront leur retraite à l'Hôtel royal des Invalides, y seront admis; savoir, les Maréchaux-des-logis, comme Maréchaux-des-logis de la première classe, les Brigadiers, comme Maréchaux-des-logis de la classe intermédiaire, & les Cavaliers, comme bas Officiers.

2.

Temps de service exigé dans la Maréchaussée, pour y obtenir les pensions de récompense ou retraites.

ENTEND cependant Sa Majesté que lesdites récompenses militaires, ou retraites à l'Hôtel royal des Invalides, ne puissent être accordées qu'à ceux qui auront au moins quatorze années de service dans la Maréchaussée, indépendamment de ceux rendus précédemment dans les régimens.

Sur quel pied elles devront être accordées.

Et que si les Maréchaux-des-logis, dans le cas d'obtenir ces récompenses ou retraites, ont moins de six ans de service en cette qualité, elles ne leur soient accordées que comme Brigadiers, & aux Brigadiers que comme Cavaliers, s'ils n'avoient pas acquis lesdites six années en qualité de Brigadier.

3.

Ancien habillement donné à ceux qui obtiendront leur retraite.

TOUT bas Officier ou Cavalier qui aura obtenu la récompense militaire ou l'Hôtel, emportera ses habit, veste & chapeau uniformes du précédent habillement, sans que ceux qui se démettront de leurs places ou qui seront congédiés puissent inférer de cette disposition que ledit habillement leur appartient; Sa Majesté voulant que l'habillement ancien soit conservé complettement pendant deux ans, pour seconder celui qui aura été délivré, en dernier lieu, & qu'il n'en soit disposé en faveur desdits Maréchaux-des-logis, Brigadiers & Cavaliers, que dans les cas du présent article.

4.

Exemptions à ceux qui se retireront après trente années de service.

LESDITS Maréchaux-des-logis, Brigadiers & Cavaliers, seront libres de se retirer dans tel lieu du royaume où ils voudront fixer leur domicile; & s'ils ont trente ans de services, ils jouiront, dans les provinces où la taille réelle a lieu, de l'exemption de la taille industrielle & autres impositions personnelles pour raison du trafic, industrie & exploitation auxquels ils pourront se livrer. Veut Sa Majesté que, dans les provinces où la taille n'est point réelle, ceux qui se seront retirés avec pension de récompense militaire, soient exempts de la taille ou subvention personnelle & industrielle, ainsi que des autres impositions personnelles, quand même ils feroient commerce. S'ils exploitent leurs héritages, ou prennent des biens d'autrui à ferme, à titre d'adjudication ou autrement, ils seront, de quelque nature que soient lesdits biens, sujets à la taille d'exploitations & autres impositions accessoires de ladite taille; & lesdits Maréchaux-des-logis, Brigadiers & Cavaliers, dans tous les cas, sujets au Vingtième & autres charges réelles que supportent les propriétaires de fonds & droits réels.

5.

JOUIRONT au surplus les Officiers & Cavaliers du corps

TITRE XIV.

Exemptions, prérogatives & grâces militaires, dont le corps de la Maréchaussée devra jouir.

de la Maréchaussée des priviléges & exemptions à eux accordés par l'Édit du mois de mars 1720, & par les Déclarations, Arrêts & Règlemens rendus postérieurement; ainsi que des prérogatives & grâces attachés aux grades militaires, que Sa Majesté leur accorde par la présente Ordonnance.

Dérogeant Sa Majesté à tous Édits, Déclarations, Arrêts, Ordonnances & Règlemens précédemment rendus, en ce qui pourroit être contraire aux dispositions de ladite présente Ordonnance.

MANDE & ordonne Sa Majesté à Monf. le Prince de Condé, en sa qualité de Gouverneur & Lieutenant général des provinces de Bourgogne, Bresse, Bugey, Valromey & pays de Gex; aux sieurs Maréchaux de France, à ses Gouverneurs, Lieutenans généraux ou Commandans dans les provinces du royaume, aux Officiers généraux commandant les divisions de ses Troupes, aux Colonels & Commandans d'icelles, aux Intendans & Commissaires départis dans lesdites provinces, aux Commissaires des guerres, & à tous ses Officiers qu'il appartiendra, de tenir, chacun en ce qui les concerne, la main à l'exacte observation & exécution de la présente Ordonnance; laquelle Sa Majesté veut être déposée dans chacun des greffes des Siéges prévôtaux de la Maréchaussée, & envoyée aux Officiers & bas Officiers de ce Corps, pour qu'ils y aient recours au besoin, & ne puissent prétendre ignorer les dispositions d'icelle.

FAIT à Versailles le vingt-huit avril mil sept cent soixante-dix-huit.

Signé LOUIS. *Et plus bas,* LE PRINCE DE MONTBAREY.

www.ingramcontent.com/pod-product-compliance
Ingram Content Group UK Ltd.
Pitfield, Milton Keynes, MK11 3LW, UK
UKHW020934180726
13838UKWH00002B/945

9 782329 284804